공교육 천국 네덜란드

지구상에서 아이들이 가장 행복한 나라

공교육 천국
네덜란드

정현숙 지음

책을 펴내며
_ 네덜란드에 남겨진 두 아이

지난 1998년 유학길에 오른 남편을 따라 어린 두 아들을 데리고 네덜란드에 갔다. 그리고 10년간의 긴 유학 생활을 마치고 2007년 한국으로 돌아오게 되었을 때 우리 부부는 심각한 고민에 빠졌다. 한국의 무시무시한 교육 현실 때문이었다. 아무리 생각해도 당시 고등학교 1학년, 중학교 2학년이었던 아이들을 한국에 데리고 올 용기가 나지 않았다. 결국 두 아들을 네덜란드에 남겨둔 채 우리 부부는 여덟 살 난 딸만을 데리고 눈물의 귀국길에 올랐다.

네덜란드에 갈 당시 두 아들은 각각 일곱 살, 여섯 살이었다. 아이들은 자라면서 한국에서의 그 흔한 보습학원 한 번 다녀본 적이 없었고 자율학습도 해본 적이 없었다. 초등학교에 다니던 시절, 아이들은 그저 간식거리와 음료수만 챙겨 학교에 다녔다. 책가방은 아예 없었다. 가방이 없으니 집에 책을 가져올 수가 없었고, 당연히 예습·복습은 할 수도, 할 필요도 없었다.

아이들은 마음껏 뛰어놀며 자랐다. 학교 수업이 끝나면 친구들과 어울려 축구를 하며 뒹굴거나, 친구의 생일 파티에 쫓아다니며 웃고 떠들기 바빴다. 코트에 나가 테니스를 치고, 동네에서 자전거를 타고, 집 근처 강에서 물고기를 잡으며 아이들은 하루해가 너무 짧다고 투정을 부릴 만큼 놀기에 정신이 없었다. 그것이 모든 네덜란드 아이들의 평범한 일상이었고 지금도 마찬가지다.

물론 초등학교 고학년이 되면서 아이들에겐 더러더러 숙제가 생겼다. 주로 책을 읽고 감상문을 정리하거나, 친구들과 그룹별로 재미있는 주제를 정해 조사한 후 리포트를 내는 것이었다. 노는 데만 익숙한 아이들이 과연 숙제를 잘해낼 수 있을까 싶었지만, 그런 걱정이 무색할 만큼 아이들은 스스로 도서관에서 가서 자료를 찾아내고 컴퓨터 앞에 앉아 과제를 척척 정리하곤 했다. 그때 필자가 도와준 일이라고는 고작 도서관에 데려다주는 것 정도였다. 아이들의 공부는 학교에 온전히 맡긴 채 필자는 필자의 생활에 즐겁게 몰두할 수 있었다.

중·고등학교 재학 시절, 아이들은 오후 3시가 되면 수업을 마치고 집에 돌아왔다. 그때부터 아이들은 자유 시간을 누렸다. 마음껏 컴퓨터 게임을 하고 텔레비전도 보고 친구들과 축구도 했다. 특히 큰아이는 전자 기타 치는 것을 너무나 즐거워해서 매일같이 두 시간 이상 기타 연주에 빠지곤 했다. 너무 놀기만 하는 건 아닌가 염려가 되어 가끔씩 아이들 방에 들어가 잔소리를 해대곤 했다. 그러면 아이들은 "내가 다 알아서 공부하고 있으니 엄마는 걱정 말라"며 대섰다. 그 말대로 조용하다 싶어서 방에 들어가 보면 아이들은 공부에 집중하고 있곤 했다.

네덜란드의 '인문계중고등학교vwo'는 1년에 네 번 시험을 치르는데, 시험 점수를 합산한 평균이 6점 미만인 과목이 셋 이상이면 유급을 당한다. 즉, 같은 학년을 다시 다니는 것이다. 그리고 유급을 두 번 이상 받은 아이는 인문계중고등학교보다 학업 수준이 다소 낮은 학교로 보내진다. 이처럼 네덜란드의 교육 시스템은 아이들 스스로 공부를 하지 않으면 안 된다고 느낄 만큼 엄격하다.

성적이 상위권인 네덜란드의 아이들에게 공부하는 데 제일 중요한 것이 무엇이냐 물으면 'zelfstandig'해야 한다고 대답한다. 이 말은 '자신이 스스로, 독립적으로 공부를 해야 한다'는 뜻이다. 다시 말해 부모의 잔소리는 공부 잘하는 아이를 만들 수 없다는 것이다. 그래서인지 필자의 아이들은 공부하라는 말을 들을 때마다 '자신이 독립적이지 못한 존재'로 무시당하는 것 같다며 정색을 하곤 했다.

이처럼 자유롭고 독립적인 환경 속에서 자란 두 아들을 한국에 데려와 적응시킬 엄두가 나지 않았다. 두 아이 모두 10년간 네덜란드에서 살아온 탓에 또래에 비해 우리말 실력이 형편없이 뒤처질 거란 것도 염려스러웠지만, 무엇보다 네덜란드와 판이하게 다른 한국의 학교 교육과 입시제도에 아이들이 적응하지 못할 것이 불 보듯 뻔했기 때문이다.

당시 초등학교 2학년이었던 딸아이는 한국에 들어와서 얼마나 울었는지 모른다. 네덜란드에서 나고 자란 딸아이에게 한국의 교육 환경과 분위기는 너무도 낯선 것이었다. 딸아이에게는 책가방을 메고 학교에 가는 것부터가 생소한 일이었다. 무거운 책가방과 과도한 숙제도 버거웠지만, 무엇보다 방과 후 함께 놀 친구가 거의 없다는 것이 딸아이를 가장 힘들게 했다. 한국의 아이들은 방과 후 학원 수업이나 과외를 받으러 가느라 늘 바쁘기 때문이다.

다행히도 딸아이는 가족들의 다독임 속에 그럭저럭 적응을 해나갔다. 필자는 딸아이에게 어릴 때부터 좋아하던 테니스를 치게 하고, 바이올린을 배우게 하며, 그림을 그리게 하는 등 방과 후 시간을 자유롭고 즐겁게 보내도록 해주었다. 또한 다른 부모들처럼 딸아이를 학원에 보내지 않았다. 딸아이가 또래보다 우리말 실력이 부족해 학원에 간다 해도 수업 내용을 잘 이해할 수 없을 거라는 점을 알았기 때문이다. 그 대신 아이가 집에서 유치원생 수준의 한글 학습지를 보며 천천히 공부에 재미를 느끼게 하는 방법을 택했다.

딸에게는 한국의 교육 현실을 잘 따라가야 한다거나 무조건 공부를 잘해야 한다고 다그치지 않았다. 그저 학교에 즐겁게 다녔으면 좋겠다고 가끔씩 당부할 뿐이었다. 딸아이도 두 아들처럼 스스로 알아서 공부할 줄 아는 '독립적인 아이'로 키우는 것이 우리 부부의 바람이자 교육 목표였기 때문이다.

필자는 마음껏 뛰어놀며 크는 네덜란드의 아이들이 정말 부러웠다. 자녀의 학업 성취도는 물론 교육비 걱정조차 하지 않는 네덜란드의 부모들을 보면 부러움을 넘어 샘이 났다. 은연중에 그들과 한국의 아이들, 부모들을 비교하게 되는 것은 당연한 일이었다. 또한 같은 하늘 아래 사는 사람들의 삶이 어쩌면 이리도 다른지 생각해보지 않을 수가 없었다.

필자는 이제 고국인 한국에서 살아간다. 한국의 척박한 교육 현실 속에서 경쟁에 찌들어가는 아이들, 사교육비에 허리가 휘는 부모들을 바라보면서 딸아이를 앞으로 어떻게 가르쳐야 할지 고민이 적지 않다.

필자는 아직도 한국과 네덜란드를 오가며 살고 있다. 귀국한 지 4년이란 시간이 흘러 큰아이는 현재 암스테르담 자유대학교Vrije Universiteit Amsterdam 법학과 1학년에 재학 중이고, 둘째는 고등학교 3학년으로 졸업시험을 앞두고 있다. 여태껏 두 아들을 키우면서 소위 '공부 뒷바라지'라는 것을 별로 하지 않았다. 아이들이 스스로 공부하는 법을 배우며 자랐기 때문이다.

네덜란드에서 살면서 철저히 신뢰받는 학교 교육, 사교육비 부담 없는 부모들, 온

종일 뛰어놀며 자라나는 어린아이들, 진지하게 직업을 고민하며 장래를 준비하는 청소년들, 자신의 일을 스스로 해결해나갈 줄 아는 학생들, 대학 졸업 후의 취업 걱정을 하지 않는 청년들을 지켜보았다. 그리고 그곳의 교육 문화와 제도를 한국에 소개하고픈 마음에 이 책을 쓰게 되었다. 한국의 아이들도 네덜란드의 아이들처럼 마음껏 뛰놀며 스스로 공부하고, 맹목적인 경쟁에 내몰리지 않으며 각자의 꿈을 향해 달려가는 행복한 학생이 되기를 간절히 바라면서 말이다.

이 책이 나오기까지 글을 다듬고 수정해주신 도서출판 한울의 원경은 님과 든든한 버팀목인 남편, 힘든 시간을 잘 견뎌준 두 아들, 사랑하는 딸에게 고마운 마음을 전하고 싶다.

2012년 봄
정현숙

추천의 글
_ 주한 네덜란드 부대사, 마르요 크롬푸츠Marjo Crompoets

한국과 네덜란드의 서로 다른 교육 문화를 비교한다는 것은 결코 쉬운 일이 아니다. 두 나라는 역사적·경제적·문화적 여건과 환경이 다르기 때문이다. 한국과 네덜란드는 모두 각국의 문화·경제·사회를 높은 수준으로 이끈 활동석인 직업 인구가 많다. 특히 한국은 1970년대 이후 급격한 경제 성장을 이루었을 뿐만 아니라, 1997년 IMF 경제 위기가 닥쳤을 때도 세계 각국의 우려와 비관적인 시선을 딛고 이를 극복해내는 저력을 과시했다. 또한 한국은 단기간에 무교육자 문제가 해소된, 교육열이 높은 나라다.

물론 네덜란드도 경제 강국이자 최고의 복지 국가로 꼽히는 선진국이다. 네덜란드는 만 4세부터 16세에 이르는 초·중고등학교BO·VWO/ HAVO/ VMBO 교육을 의무교육으로 정하고 있다. 이 기간이 끝나면 아이들은 상·중하위 직업전문대HBO·MBO 와 학문연구중심대학WO으로 진학하게 된다.

네덜란드의 교육 시스템이 한국의 그것과 크게 대치되는 부분은 대학 진학률이 극히 낮다는 점이다(참고로 네덜란드에서 대학이란 개념은 학문연구중심대학만을 이른다). 네덜란드 교육문화연구부Ministeri van OCW의 2008년 통계조사에 따르면, 25세부터 34세 사이의 네덜란드 국민 중 대학 교육을 받은 사람은 전체 인구의 15퍼센트에 불과한 것으로 나타났다. 한국 사람들에게는 이 수치가 이해가 되지 않을 정도로 턱없이 낮아 보이겠지만, 이는 네덜란드의 고등 교육 시스템에 기인한 결과다. 네덜란드에는 중간 수준의 교육을 받은 사람들이 아주 많으며, 이 비율은 최근 15년 동안 꾸준하게 증가하고 있다. 또한 네덜란드의 부모들은 자신의 자녀가 평균 수준의 성적을 받는 것에 만족한다. 네덜란드의 초중고를 통틀어 중간 점수대의 학생은 전체 학생의 70~80퍼센트를 이루고 있다.

네덜란드 정부는 학생과 학부모를 위해 교육비의 상당 부분을 책임지고 있다. 학비는 무상이며 책값도 정부가 전부 지원해준다. 교육은 모든 국민의 기본권이며 교육의 기회는 누구에게나 평등해야 하기 때문이다. 즉, 돈이 없다는 이유로 부모가 자녀 공부에 대해 염려할 필요가 없다는 뜻이다. 네덜란드 사람이라면 누구나 쉽게 접할 수 있는 것이 교육의 기회라는 점, 이것이 바로 네덜란드 교육 시스템의 가장 큰 장점이다.

이 책은 네덜란드의 공부 잘하는 아이들에 관한 이야기를 하고 있는 것이 아니다. 성적이 낮은 아이들을 대하는 한국 사람들의 인식에 대해 이 책은 비판적이고 교훈적인 시선을 통해 재미있게 기술하고 있다. 가령 '6의 문화, 숫자 6에 관한 생각'을 언급하고 있는 부분이 그렇다. 네덜란드의 대학생과 중·고등학생은 시험 점수가 10점 만점에서 6점이 나오면 그것으로 충분하다고 여긴다. 중간만 되어도 좋은 결과라는 것이다.

저자는 이 책을 통해 한국과 너무도 다른 문화적 여건을 가지고 있는 네덜란드 사람들의 다양한 삶의 방식과 우선순위들이 어떻게 진전되어왔는지 보여주고 있다. 지식과 앎은 다음 세대에게 넘겨지고 이어진다. 오늘날의 교육에 대한 투자는 미래의 그 나라를 더욱 부강하고 윤택하게 하는 기초를 형성한다.

1부 교육 선진국, 네덜란드

01. 교육비 걱정 없는 나라

2부 학교 교육이 최고다

04. 초등학교: 학교는 즐거운 곳

05. 중·고등학교: 미래의 일자리를 준비하는 곳

06. 대학: 입학은 쉬워도 졸업은 힘든 곳

교육 선진국, 네덜란드

01
교육비 걱정 없는 나라

자녀 교육비 걱정? NO!

네덜란드에서 10년 동안 세 아이들을 키우며 사는 동안 가장 좋았던 점은 교육비 걱정을 별로 하지 않았다는 것이다. 당시 남편이 유학생이었던 탓에 우리 가정은 소득이랄 것이 없었다. 그러니 아이들 교육에 투자할 금전적 여유는커녕 매달 생활비를 감당하기도 힘들었다. 하지만 감사하게도 세 아이들로 인한 교육비 지출은 거의 없었다.

네덜란드에서는 만 4세부터 16세까지가 의무교육 기간이며, 의무교육 기간 동안은 무상교육이 실시되기 때문에 학비 걱정을 할 필요가 없다. 더구나 한국에서라면 초등학교 자녀들이 학교에 갈 때 부모들이 으레 챙겨주는 준비물을 따로 마련한 적도 없다. 네덜란드의 초등학생들은 학교에 책가방을 가지고 다니지 않는다. 그러니 책가방은 물론 필통이나 연필 따위의 문구류를 살 필요가 없다. 미술 시간에 필요한 물품도 모두 학교에서 지급해주기 때문에 그 흔한 크레파스, 스케치북 등도 사준 적이 없다. 또한 한국에서처럼 체육복을 단체로 구입하는 일도 없었다. 집에서 입는 편안한 차림의 바지와 윗도리를 깨끗이 빨아서 가져가면 되었고 운동화 역시 마찬가지였다. 세 아이들이 등교하면서 챙겨 간 것이라곤 간식으로 먹을 음료수와 과자 정도였다. 이처럼 필자는 한국의 부모들이 믿기 힘들 만큼 세 아이들을 아주 편하게 학교에 보냈다.

세 아이들이 초등학교에 다닐 때 악기를 배우게 했다. 첫째는 피아노, 둘째는 키보드, 셋째는 바이올린을 가르쳤다. 유학생 신분으로 세 아이 모두에게 악기를 가르치는 것이 가능할까 싶지만 전혀 어려운 일이 아니었다. 아이 한 명에게 들어간 수업료는 고작 1년에 20만 원 정도였기 때문이다. 그것도 미리 내는 것이 아니라 수업이 시작된 뒤 3개월이 지난 후 비용이 청구되는데, 형편에 따라 최대 세 번으로 나눠 아무 때나 내면 되었다. 더구나 유학생 신분이라 소득이 없었던 우리 부부는 가장 적은 금액으로 아이들을 가르칠 수 있었다. 나머지 금액은 시에서 지원해준 셈이었다. 이 부분은 뒤에서 더욱 자세히 소개하겠다.

현재 네덜란드의 초·중·고등학교에서는 학생들에게 교과서를 무상으로 제공한다. 큰아이와 둘째가 중·고등학교를 다니던 때에는 책값을 내야 했다. 그러나 우리 부부는 이 책값도 내지 않았다. 부모의 소득에 따라 정부에서 책값을 지원해주었는데, 유학생인 우리 부부는 내고도 남을 만큼의 돈을 받아 부담 없이 아이들을 학교에 보낼 수 있었다.

아이들이 중·고등학교에 다니면서 학교에 낸 돈은 개인 사물함을 사용하는 비용뿐이다. 다만 아이들이 어학연수로 영국이나 독일로 사나흘간 여행을 갈 때는 50만 원가량의 경비를 부담해야 했다. 그런데 이 비용도 연수를 가기 1년 전부터 서서히 나눠 낼 수 있어서 미리 돈을 아껴 조금씩 지불하면 되었다. 보습학원이 없으니 학원비나 과외비는 당연히 들어가지 않았다.

네덜란드의 부모들이 교육비 걱정을 하지 않는 것은 자녀가 대학에 들어가서도 마찬가지다. 정부에서 대학생이면 누구에게나 학자금을 최저 금리로 대출해주고, 상환은 졸업 후에 할 수 있도록 하고 있기 때문이다. 그뿐만이 아니다. 대학생이 학교에 다니려면 등록금 외에도 고가의 책값을 비롯해, 타지에서 온 경우 혼자 방을 얻어 살아야 하니 방세 등 생활비가 꽤 들기 마련이다. 이러한 경제적 문제를 해결할 수 있도록 네덜란드 정부는 대학생들에게 '공부지원금 Studiefianciering'을 준다. 지원 금액은 부모의 소득에 따라 차등이 있는데, 매달 최소 30만 원에서 최대 90만 원까지 받을 수 있다.

놀라운 것은 이 모든 혜택을 합법적인 비자를 받고 네덜란드어로 공부하는 외국인 또한 누릴 수 있다는 사실이다. 네덜란드는 공부하지 못하는 서러움이 있을 수가 없는 곳이다. 그러니 우리 가족은 외국인으로 네덜란드에 살면서도 교육비 걱정은 전혀 하지 않았다. 그런데 딸을 한국에 데리고 와 초등학교에 보내면서 필자는 새삼 놀랄 수밖에 없었다. 특히 사교육비 문제는 심각한 수준이었다. 부모들 대개가 사교육비 걱정 때문에 집에서 마음 편히 아이를 돌볼 수 없다고 아우성이었다. 식당에서 설거지라도 거들어서 돈을 벌어야만 자녀 교육비를 충당할 수 있다는 것이었다.

한국보건사회연구원의 2011년 1월 통계에 따르면, 아이 한 명을 대학까지 보내는 데 드는 양육비가 무려 2억 6,200만 원이었다. 이 발표를 보고 너무 기가 막혀서 말이 나오지 않았다. 특히 유아기 때부터 중·고등학교에 다닐 때까지의 비용이 1억 7,000여 만 원에 달했다(유아기 2,938만 원, 초등학교 6,300만 원, 중학교 3,535만 원, 고등학교 4,154만 원, 대학교 6,811만 원). 어떻게 초등학생과 대학생의 양육비가 맞먹는단 말인가? 분명 한국의 초등학교 교육은 무상인데 말이다. 고액의 양육비를 조장하는 주범은 당연히 사교육비다. 자식을 키우는 데 이렇듯 돈이 엄청나게 들어가니 한국의 어느 부모가 걱정 없이 아이를 낳아 키울 수 있겠는가?

국가도 부모다

: 0세부터 17세까지 양육비는 국가가 함께

아들만 둘이었던 우리 부부에게 늦둥이로 태어난 딸은 말 그대로 복덩어리였다. 기다렸던 딸이 태어난 것도 감사한 일인데, 아이로 인해 경제적인 도움까지 받을 수 있었던 것이다.

한국에서 아이를 출산한 후 산후조리원에 들어가려면 적지 않은 비용이 든다. 그러나 네덜란드는 산후조리비를 국가가 지급해 준다. 1999년 당시 네덜란드 정부가 우리 부부에게 지급한 돈은 약 2,000길더(300만 원)였다. 이 금액은 산후조리를 위해 2주 동안 온종일 사람을 써도 충분할 만큼 적지 않은 액수였다.

딸아이를 낳고 일주일간 외국인 할머니를 도우미로 고용했는데, 하루 종일 같이 있는 것은 불편할 것 같아 오전에만 일을 부탁드렸다. 자연스레 산후조리 비용은 절반 이하로 줄었고, 남은 지원금은 생활비로 융통할 수 있었다. 그뿐 아니라 가정분만을 했는데 산파와 간호사가 집으로 찾아와 모든 일을 처리했고, 그 비용은 모두 의료보험회사를 통해 지급되었다.

네덜란드에서는 산후조리비 이외에도 양육비가 복지혜택에 포함된다. 이는 일을 해서 조금이라도 세금을 내는 경우라면 내국인, 외국인 할 것 없이 모두에게 주어지는 혜택이다. 그러한 현지 사정을 잘 몰랐던 우리 부부는 이웃의 조언으로 슈퍼에서 일을 시작하면서 양육비를 지원받게 되었다. 석 달마다 700~800유로(120~130 만 원)가 나왔는데, 우리 같은 유학생 부부에겐 엄청나게 큰돈이 었다.

이러한 양육비는 아이가 만 17세가 될 때까지 모든 가정에 지급 된다. 이는 조부모가 아이를 양육하는 경우나 입양아를 키우는 가 정, 재혼 가정에게도 해당된다. 또한 네덜란드 국민이 해외에 나가 근무하는 경우에도 자녀가 있다면 양육비 신청이 가능하다.

양육비 지급은 국가에서 운영하는 사회보험은행Social Verzekerin-genbank: SVB이라는 곳에서 이루어지며, 아이의 연령에 따라 약간의 차등을 둔다. 2011년 기준으로 0~5세 194.99유로, 6~11세 236.77 유로, 12~17세 278.55유로를 석 달에 한 번씩 양육비로 지급하도 록 책정되어 있다. 그리고 아이에게 장애가 있어서 집에서 보살피 는 것이 불가능해 사회보장시설을 이용하게 되면 이 같은 양육비 의 두 배 이상을 지급해준다. 이처럼 아이가 태어나자마자 국가에 서 양육비를 지원해주기 때문에 네덜란드의 부모들은 아이들을 기 르는 데 크게 걱정하거나 버거워하지 않는다.

양육비는 매해 4월, 7월, 10월, 1월에 지급되는데 네덜란드 부 모들은 이 돈으로 대부분 아이들에게 새 옷과 신발 등을 사주거나 모아두었다가 악기를 선물하기도 한다. 따라서 양육비나 교육비 가 염려되어 아이를 낳지 않는 경우는 거의 없다. 현재 네덜란드 의 출산율은 1.7~1.8명으로 한국의 1.1명에 비해 상대적으로 높게 지속되고 있다. 아이가 셋 또는 넷인 가정은 네덜란드에서 흔히 볼 수 있다.

　네덜란드의 양육비 지원에 관심이 있는 독자는 사회보험은행 인터넷 사이트(www.svb.nl/kinderbijslag)에서 이에 관한 더 많은 정보와 자료를 얻을 수 있다.

맞벌이 부부의 천국

네덜란드 유학 초기에 가장 시급한 문제는 언어였다. 영어만으로는 어디에서든 대화에 한계가 있었다. 가령 아이들 학교에 상담이나 면담을 하러 가면, 교사들이 영어와 네덜란드어를 섞어 말했기 때문에 거의 반은 알아듣지 못하곤 했다. 하루빨리 네덜란드어를 배우려면 네덜란드어 학교에 다녀야 했는데, 그러자니 어린 딸을 어딘가에 맡겨야만 하는 문제가 생겼다.

　필자가 다녀야 하는 네덜란드어 학교는 주 5일 수업이었다. 그런데 공립 유아원Peuterspeelzaal은 일주일에 두 번, 그것도 오전에만 아이(만 2년 6개월 이상 4세 미만)를 돌봐주기 때문에 아이를 맡길 수가 없었다. 다행히 사립 유아원kinderopvang에서는 일주일 내내 오전 8시부터 오후 6시까지 아이를 돌봐준다고 했다. 그런데 문제는 아이를 맡기는 데 드는 돈이 한 시간에 대개 6유로(9,000원)였다. 필자의 학교 수업이 오전 8시부터 오후 1시까지였기 때문에 하루에 5시간은 아이를 맡겨야 했다. 그러니 그 비용이 하루에 30유로, 일주일이면 150유로, 한 달이면 600유로에 육박했다. 이는 유학생 부부로서는 엄두도 낼 수 없는 많은 돈이었다.

그런데 뜻밖의 기쁜 소식을 듣게 되었다. 맞벌이 부부는 물론 학생 부부에게도 국가와 회사에서 자녀 위탁 비용을 지원해준다는 것이었다. 덕분에 우리 부부는 한 달에 고작 50유로(7만 5,000원) 정도만 내고 아이를 사립 유아원에 맡길 수 있었다.

이처럼 네덜란드는 맞벌이 부부가 탁아소나 유아원 비용 때문에 고민할 필요가 없는 나라다. 네덜란드의 사립 유아원은 갓 태어난 아기부터 만 4세 미만의 아이를 돌봐주는 곳이다. 네덜란드의 직장인들은 하루 업무 시간이 보통 8시간(오전 9시부터 오후 5시까지)이다. 즉, 맞벌이 부부가 하루 8시간, 주 5일간씩 위탁 시설에 아이를 맡기면 일주일에 40시간, 한 달이면 160시간이 된다. 이를 계산해보면 960유로에 달한다. 한국 돈으로는 거의 150만 원이다. 그런데 이 금액 대부분을 국가가 지원해준다(소득에 따라 지원 금액이 다르지만, 맞벌이 부부의 경우 보통 위탁 비용의 80퍼센트 이상을 지원받는다). 이를 '아동위탁지원금Kinderopvangtoeslag'이라 한다.

아동위탁지원금은 사립 유아원에 다니는 4세 미만 유아뿐 아니라 만 4세 이상 12세 미만인 초등학교 아동에게까지 지원된다. 즉,

'학교 밖 돌봄 시설Buitenschool opvang: BSO'에 가는 아이들도 지원 대상에 포함되는 것이다. 이 시설은 방과 후에 부모가 집에서 돌봐줄 수 없는 아이들을 맡아주는 곳이다. 이곳 위탁 비용은 한 시간에 5유로 정도로 역시 적지 않은 금액이다.

네덜란드 초등학교의 Goep 1~2(만 4~5세) 아이들은 월요일과 화요일, 목요일에는 오후 3시 30분까지 수업을 하고, 나머지 수요일과 금요일에는 오전에만 수업을 한다. 따라서 이 학년의 아이를 둔 맞벌이 부부는 방과 후에 아이들을 학교 밖 돌봄 시설에 맡긴다. 즉, 만 4~5세 아이들의 경우 일주일에 15시간, 한 달이면 60시간 정도 학교 밖 돌봄 시설을 이용하는 것이다. 비용으로 따지면 한 달에 약 300유로(45만 원)가 드는 셈이다. 그보다 나이가 많은 초등학교 저학년의 경우는 보통 한 달에 40시간가량 시설을 이용하며 약 200유로(30만 원)가 든다. 가령 4살, 8살, 10살짜리 아이를 둔 부부가 맞벌이 때문에 아이들을 사립 유아원과 학교 밖 돌봄 시설에 맡겨야 한다면, 위탁 비용으로 한 달에 약 1,500유로(225만 원)를 지출해야 한다.

이 위탁 비용은 부부의 소득에 따라 국가로부터 지원을 받을 수 있다. 만약 부부의 연간 소득을 각각 2만 5,000유로(약 3,800만 원)와 1만 2,000유로(약 1,800만 원)라 가정할 경우, 이들이 달마다 지원받을 수 있는 예상 금액은 1,200유로(약 180만 원) 정도다. 물론 이 지원금은 부부가 위탁 비용으로 지출한 금액보다 다소 적을 수 있다. 하지만 크게 걱정할 필요가 없다. 이들이 일하는 직장에서 위탁 비용의 6분의 1가량을 추가로 지원하기 때문이다

그런가 하면 자녀들을 유아원이나 학교 밖 돌봄 시설에 맡기지 않고 유아 도우미gastouder를 집으로 오도록 하는 경우도 있다. 이 비용도 국가에서 인정한 인력 회사를 통해 접수 및 신청하면 보조·지원을 받을 수 있다.

이처럼 국가와 공공기관으로부터 아동 위탁 비용을 지원받는 대상은 비단 맞벌이 부부뿐만 아니라 학생 부부나 직업교육을 받고 있는 경우도 해당된다. 따라서 위탁 비용이 부담스러워 출산을 꺼리거나 육아 때문에 어쩔 수 없이 자신이 원하는 일을 포기하는 사람은 네덜란드에서 찾아보기 힘들다.

참고로 아동 위탁 비용에 관한 자세한 정보는 네덜란드 정부의 지원금 사이트(www.toeslagen.nl)의 'kinderopvangtoeslag아동위탁지원금' 코너에서 얻을 수 있다.

수업료 없는 학교, 교과서도 무상지급

네덜란드는 현재 초등학교는 물론 중·고등학교도 수업료가 없다. 또한 교과서도 모두 무상으로 지급된다. 그러나 2010년 이전까지

만 해도 중·고등학교의 교과서는 무상지급이 아니었다. 학생들은 교과서 값을 치러야 책을 받을 수 있었는데 그 값이 아주 비쌌다. 자그마치 1년에 300~400유로(50~60만 원)! 그것도 헌 책을 빌려 보는 데 그 정도였다. 새 책을 구입하는 데 드는 비용은 헌 책을 빌려 보는 값의 두 배가 넘었다.

이렇다보니 아이들 신학기에 교과서 값을 마련하는 것이 큰 부담이었다. 그래서 한꺼번에 돈을 내지 않고 세 번으로 나눠 내겠다고 신청을 했다. 그러면서 한편으로는 아이들의 학년이 올라갈수록 이것저것 지출이 상당하겠구나 하고 내심 걱정스러운 마음이 들었다. 그런데 얼마 지나지 않아 정부에서 교과서 값을 지원하고 있다는 사실을 알게 되었다. 이웃의 네덜란드 학부모들은 아이가 중·고등학교에 입학하기 전에 미리 교과서 값 지원 신청을 해놓았다는 것이다.

당시 네덜란드 정부는 중·고등학교 입학을 앞둔 자녀를 둔 가정에 '부모에게 주는 재정지원tegemoetkoming ouders'이란 명목으로 교과서 값을 지원하고 있었다. 이 지원금 역시 부부의 소득에 따라 차등이 있어 유학생인 우리 부부처럼 소득이 전혀 없는 가정은 교과서 값을 전부 내고도 남을 만큼의 지원을 받는 반면, 고소득 가정은 최소한의 지원을 받았다.

한국의 학부모들은 학교 수업료가 없으니 교과서 정도는 부모가 사는 것이 당연하다고 여기는 것 같다. 하지만 네덜란드의 학부모들은 국가가 교과서 역시 무상지급해야 한다고 목소리를 높였다. 이 때문에 그간 네덜란드에서는 정부와 국회 사이에 수없이 의견이 오갔다. 그리고 결국 지난 2009년 네덜란드 정부는 교과서 값 지원에 따른 예산을 확보해 2010년부터 모든 중·고등학교 학생들에게 교과서를 무상으로 지급하게 되었다.

네덜란드에는 교과서와 관련된 재미있고 교육적인 문화가 있다. 대다수의 학생이 교과서를 사지 않고 출판사에서 빌려 보는 문화다. 이를 통해 학생들이 얻게 되는 유익함은 한두 가지가 아니다. 물론 그 덕분에 필자는 아이들의 새 학기가 되면 늘 바빴다. 빌린 교과서의 겉장에 일일이 책가위를 씌워야 했기 때문이다. 1년 뒤 교과서를 출판사에 반납할 때 표지가 찢겨 있거나 어딘가 상해 있으면 과태료를 물어야 했던 것이다.

그래서인지 네덜란드의 아이들은 교과서를 오래 쓰고 곱게 본다. 빌려 온 교과서를 펼쳐보면 앞장에 언제, 어떤 사람이 이 책을 썼는지 그 이름과 연도가 기입되어 있다. 필자가 본 책들은 대개 5년 정도 사용된 것이었는데, 그들의 국어 교과서인 네덜란드어 책은 8년 동안 사용된 것도 있었다. 그런데 그렇게 여러 명의 아이들이 여러 해 동안 쓴 책 같지 않게 빌려 온 교과서는 대부분 너무나 깨끗했다. 하다못해 밑줄 하나 그어져 있지 않았다. 물론 교과서 외에 연습용 공책이나 문제 풀이용 공책은 따로 있었다. 그렇다 하더라도 5년이나 쓴 교과서가 새 교과서와 별 차이가 없었다.

필자의 아이들 역시 공부하면서 책에 메모를 하거나 줄을 긋지 않았다. 눈으로 보면서 공부하는 데 저절로 익숙해졌던 것이다. 필자는 그런 공부 방법이 가끔은 이해가 되지 않았다. 필자가 한국에서 학교에 다닐 때의 기억으로는 아이들 대부분이 책에 밑줄을 치거나 답을 쓰고, 그것도 모자라 공책에 빽빽하게 필기를 하면서 공부를 했다. 그래서 아이들에게 "그렇게 눈으로 보기만 해서 내용이 외워지느냐"고 물어보곤 했다. 그러면 아이들은 "우리는 이렇게 봐도 다 이해되고 외워지거든요"라며 당연하다는 듯이 대꾸했다.

또한 아이들은 교과서를 빌려 보는 것이 전혀 불편하지 않다고 했다. 고작 1년 보고 책을 버리는 것은 너무 낭비인 데다, 비싼 책을 나라에서 공짜로 볼 수 있도록 지원해주는 것도 고마운 일이니 아껴 쓴 후 후배들에게 깨끗하게 물려주는 것이 당연하다고 했다.

그렇게 책을 소중하게 대하는 아이들을 지켜보면서 검소한 네덜란드 사람들의 삶에 새삼 머리가 수그러졌다. 과거 한국의 아이들도 새 학기에 교과서를 받으면 겉장을 싸서 깨끗하게 본 후 학년이 바뀌면 후배들에게 물려주었다. 하지만 요즘에는 이런 모습을 보기가 어렵다. 네덜란드 사람들은 좋다고 여기는 것은 절대 바꾸려 하지 않는다. 우리도 예전처럼 교과서를 물려 쓰는 문화를 되살려 무분별한 교육 예산도 줄이고 학부모 부담도 덜면 얼마나 좋을까?

지원금 받으며 열공하는 대학생

네덜란드의 부모들은 한국의 부모들과 달리 자녀가 대학에 입학해도 학비에 대해 크게 걱정하지 않는다. 정부는 정부대로, 학교는 학교대로 대학생이 학문에 집중할 수 있는 구조적 여건을 마련해놓고 있기 때문이다.

그 예로 네덜란드의 고등학생이라면 누구나 졸업시험을 앞두고 신청하는 것이 있다. 바로 '공부지원금'이다. 네덜란드 정부는 모든 대학생에게 매달 공부지원금을 준다. 학생들은 고등학교를 졸업하기 6개월 전에 미리 지원 신청을 해, 대학이나 직업전문대에 진학하자마자 공부지원금을 받기 시작한다.

이 공부지원금 역시 차등적으로 지급되며, 수여 대상인 학생 부모의 소득과 형제자매의 수 등 가정환경에 따라 달라진다. 대개 200유로(30만 원)에서 500유로(75만 원) 사이의 금액이 책정되며, 매달 학생의 개인 통장으로 약 4년간 지급된다. 학생들은 이 돈으로 수업 교재를 사 보는 것은 물론 알뜰하게 아껴 생활비로도 사용한다. 이처럼 네덜란드에서 대학이나 직업전문대에 다니는 학생이라면 누구나 공부지원금을 받아 학교에 다니기 때문에 부모들은 학비 걱정을 크게 하지 않는다.

또한 각 대학은 학생들에게 입학 전 또는 학기 시작 전에 능록금을 미리 내라고 하지 않는다. 수업을 들으면서 여유가 되면 일시불로 내고, 그렇지 않으면 다섯 번에 나눠 내면 된다. 즉, 네덜란드의 대학들은 보통 9월에 새 학기가 시작되지만 등록금은 10월부터 내기 시작해 두 달에 한 번씩 나눠 낼 수 있다. 참고로 현재 네덜란드 대학의 1년 치 등록금은 1,600~1,700유로로 원화로 계산하면 300만 원이 넘지 않는다.

어디 그뿐인가, 네덜란드 정부는 등록금을 아주 저렴한 이자로 누구에게나 빌려준다. 네덜란드에서는 만 18세 이상의 대학생이나 직업전문대생이면 누구나 국가로부터 등록금을 대출받을 수 있다. 대출 자격에는 특별한 조건이 없다. 한국처럼 보증을 서야 하거나 학점 제한이 있는 게 아니다.

대출금은 졸업 후 2년간의 유예 기간을 둔 후, 그 이후부터 차근차근 갚아나가게 되어 있다. 상환 기간은 최장 15년이다. 물론 대학 졸업 후 바로 대출금을 갚으면 더 싼 이자율을 적용받지만, 그렇지 않다고 해도 이자율은 연 1.5퍼센트로 아주 저렴하다. 가령 대학 4년 내내 등록금을 대출했다면 그 액수는 원화로 최대 1,200만 원 정도가 되는데, 이를 15년 동안 갚아나간다고 하면 한 달에 내야 할 돈은 7만 원가량이다. 따라서 네덜란드의 대학생들은 형편이 어렵다거나 등록금이 비싸서, 혹은 등록금 대출을 받지 못했거나 지난 대출금을 갚지 못해서 학교에 다니지 못하는 경우가 거의 없다.

이처럼 네덜란드의 대학생들은 국가로부터 등록금 대출은 물론 공부지원금까지 받기 때문에 학비에 대해 크게 고민하지 않고 공부에 매진할 수 있다. 그런데 한국의 현실은 어떤가? 대학 등록금이 1년에 무려 1,000만 원대에 이르고 있다. 가령 대학생이 두 명인 가정의 부모는 1년에 2,000만 원에 달하는 대학 등록금을 마련해야 한다. 부모가 등록금을 조달할 경제적 여유가 없는 경우, 그 부담은 고스란히 자녀인 대학생에게 떠넘겨진다. 이 때문에 수많은 한국의 대학생들이 학비를 마련하기 위해 공사장, 편의점 등 아르바이트할 곳을 찾아 헤맨다.

교육 선진국 네덜란드는 외국인이라 할지라도 합법적으로 비자를 받고 들어와 네덜란드어로 공부를 하면 자국의 학생과 똑같은 교육 혜택을 누리게 한다. 참으로 부러운 일이다. 네덜란드의 대학생 공부지원금이나 등록금 대출에 관련한 정보는 교육지원사이트(www.ib-groep.nl)에서 얻을 수 있다.

대학생은 대중교통이 무료, 월세와 의료보험료 지원은 덤

네덜란드 대학생 중 상당수는 학교까지 한두 시간가량 기차를 타고 통학을 한다. 대학이 모여 있는 암스테르담^{Amsterdam}이나 흐로닝언^{Groningen} 등 대부분의 큰 도시에서는 방을 구하기가 어려울뿐더러 방세도 비싸기 때문이다. 하지만 유럽은 교통비 또한 아주 비싸다. 예를 들어 필자의 큰아이의 친구들 중에는 캄펀kampen에서 암스테르담까지 기차로 통학하는 아이들이 많은데 하루 왕복 요금이 34.60유로라고 했다. 일주일에 수업이 사흘 있다고 치면 한 달치 교통비만 해도 400유로(60만 원)가 넘는 것이다.

이처럼 교통비가 어마어마하게 비싼데도 대부분의 대학생들은 기차, 버스, 노면전차tram 등 대중교통을 이용해 학교에 다닌다. 네덜란드 대학생들은 교통비가 공짜이기 때문이다. 물론 학생교통카드studenten OV-chipkaart가 있어야 한다. 학생교통카드는 공부지원금과 마찬가지로 대학이나 직업전문대를 다니는 학생이면 누구나 사전에 신청해 받을 수 있다. 살인적으로 비싼 네덜란드의 대중교통비를 감안했을 때 학생들이 무료 교통카드 혜택 없이 학교에 다니기란 결코 쉽지 않다. 한 해 교통비가 등록금보다 비싸기 때문이다.

물론 대학교 주변에 방을 얻어 생활하는 학생들도 많다. 학업량이 많아 이동 시간을 아껴야 하거나 장거리 통학이 부담되는 학생들의 경우다. 그러나 앞서 이야기했듯 네덜란드는 방세가 만만치 않다. 대도시의 경우 방 하나에 부엌, 화장실이 딸린 원룸의 월세가 600~800유로(90만~120만 원)나 된다. 물론 이 같은 가격을 주고 방을 얻으려고 해도 매물이 많지 않다. 하지만 수많은 대학생들이 찾는 방은 이보다 더 값싼 방이다.

새 학기가 시작되기 전부터 학생들은 온갖 정보망을 동원해 저렴한 방 찾기에 나선다. 네덜란드는 만 18세~22세에 해당하는 학생에게 월세를 지원하기 때문이다. 단, 그 월세가 212유로 이상 361유로 이하로 저렴해야 한다. 월세가 이 범위에 들 경우 그 가격의 40퍼센트를 지원 받는다. 즉, 360유로짜리 월세방에 사는 학생의 경우 140유로를 정부로부터 지원받는 것이다.

그런데 현재 이 같은 월세 지원 정책에 대한 불만의 목소리가 높아지고 있다. 대도시에서 360유로 이하의 방을 구할 가능성은 너무 희박해 현실적인 지원 방안이 되지 못한다는 것이다. 이에 네덜란드 정부는 주택회사를 통해 학생 공부방을 더 많이 짓도록 독려하고 있는데, 암스테르담의 경우 인구 밀도가 너무 높아 공급이 수요를 따라가지 못하고 있는 실정이다.

또한 네덜란드의 대학생들은 의료보험료도 지원을 받는다. 만 18세가 되면 성인으로 간주되어 부모와 따로 의료보험료를 내야 한다. 대개 매달 100유로 정도인데 경제활동을 하지 않는 대학생들에게는 적지 않은 부담이 되는 것이 사실이다. 하지만 걱정할 필요가 없다. 학생인 경우에는 의료보험료도 국가가 지원해준다. 대학생들이 실제 내는 의료보험료는 금액의 40퍼센트, 즉 한 달에 40유로 정도다. 나머지 60퍼센트는 국가가 낸다.

학생관리 · 지원 교육본부, 'DUO'

네덜란드에는 학생의 개인정보를 관리하고 대학 입시는 물론 공부 지원금, 등록금 대출 등을 총괄적으로 진행하는 기관이 있다. 바로 'DUO^{dienst uitvoering onderwijs}'다.

네덜란드에서는 DUO를 통해 학생 개개인의 상황에 따라 경제적 지원을 마련해 공부할 수 있는 기회를 준다. 가령 학생들 가운데 만 18세가 넘어서도 대학에 진학하지 않고 중·고등학교 과정에 있는 경우가 있다. 학업 능력이 떨어져 졸업이 늦어지는 학생, 상위 수준의 학교로 재진학하길 원하거나 다른 자격증을 따려고 하는 학생이 그러하다. 또한 장애 등으로 특수학교^{Speciaal Onderwijs: SO}를 이십 대가 되어서까지 다니는 사례도 적지 않다. DUO는 이런 학생들의 교재비나 레슨비 등을 지원해주고 있다. 바로 '학생지원금^{Tegemoetkoming scholieren}'이다. 즉, 어쩔 수 없이 중·고등학교 과정을 오래 다녀야 하는 학생들에게까지 지원금을 줌으로써 경제적 부담 없이 학업을 이어나갈 수 있게 하는 것이다.

네덜란드의 중·고등학교에서는 학생들이 졸업 후에도 DUO를 통해 교육 지원과 혜택을 받을 수 있도록, 졸업 전에 'DUO 정보의 밤'이라는 행사를 마련해 자세한 정보를 제공하고 있다. DUO는 모든 학생에게 수많은 혜택을 주지만, 가만히 있으면 그 혜택을 누릴 수 없다. 부모나 학생 스스로 서류를 작성해 신청을 해야 하고,

경우에 따라 지원 조건을 갖춰야 한다.

참고로 학비 지원 신청은 만 30세 미만은 누구나 가능하다. 따라서 취업 후 일을 하다 뒤늦게 다시 공부를 시작하고자 하는 이도 재정적 지원을 받으며 그 뜻을 이룰 수 있다. 그러므로 네덜란드의 학생들은 필수적으로 DUO에 자신의 정보를 제공·보고한다. 언제 DUO의 지원을 받게 될지 모르기 때문이다. DUO에 등록하면 개인별 고유번호가 지정되는데 이를 통해 학생정보 관리, 학비 지원 등이 이루어진다.

DUO는 과거에 그 명칭이 ib-groep이었다. 이 명칭을 딴 인터넷 사이트(www.ib-groep.nl)로 접속하면 각종 지원금에 대한 자세한 정보를 얻을 수 있다.

모든 교육 혜택은 국민의 세금으로

네덜란드 국민들이 양육비는 물론 자녀 위탁 비용과 공부지원금 등 각종 경제적 지원을 받으며 교육 혜택을 누릴 수 있는 것은 국민들 스스로 낸 세금 덕분이다. 네덜란드는 세금 제도가 아주 엄격하고 세세하게 정비되어 있다. 동네 구멍가게의 조그만 물건 하나에도 부가세가 19퍼센트나 매겨져 있을 정도로 세금이 부과되지 않는 물품은 거의 없다. 명실공히 세금의 나라다.

　필자가 아는 한 아이는 유학생인 아버지를 따라 네덜란드에 와 대학원을 졸업하고 작년에 취업을 했다. 그녀의 아버지는 학생이라 세금을 한 푼도 내지 않았지만 그녀는 중·고등학교에 다닐 때 책값을 지원받았으며, 대학에 다닐 때는 공부지원금을 비롯해 교통비, 월세 지원도 받으며 공부했다. 그렇게 각종 혜택을 누리던 그녀였지만 직장에 들어가면서부터 입장이 달라졌다. 그녀는 수많은 혜택을 받는 학생이 아닌, 고액의 세금을 내는 직장인이 된 것이다. 인턴사원인 그녀의 월 소득은 2,400유로지만 세금을 제하고 실제 손에 쥐는 돈은 1,500유로가 채 되지 않는다. 월급의 38퍼센트를 세금으로 내는 것이다. 거기다 어쩌다 상여금을 받는 달은 세금이 월급의 약 45퍼센트에 이른다고 한다.

　네덜란드의 직장인들이 내는 세금은 평균적으로 소득의 35퍼센트가 넘는다. 의사나 변호사 등 고소득자의 경우에는 50퍼센트 이상이다. 많이 버는 사람은 많이, 적게 버는 사람은 적게 세금을 내는 것이다. 이는 사업을 하는 사람에게도 똑같이 적용된다. 그런가 하면 소득이 적은 사람에게는 세금 감면 혜택도 크게 주어진다. 우리 부부는 이 혜택을 많이 받았다. 가령 쓰레기 처리비가 1년에 400유로(60만 원)에 달했는데, 소득이 없다는 증명서류를 갖춰 냈더니 바로 면제되었다.

　또한 네덜란드는 세금이 부과되는 대상이 폭넓고 다양하다. 심지어 애완동물을 키워도 시에서 동물의 오물을 처리해준다는 명목으로 세금을 부과한다. 그래서 동물을 키우면서도 시에 신고하지 않는 사람들이 간혹 있다. 이 때문에 필자의 집에 시청 직원이 찾아와 동물을 키우느냐고 묻더니 집 안을 살펴보고 간 적이 있다. 만약 신고하지 않은 동물이 있는 것이 발견되면 원래 내야 하는 것보다 두세 배 많은 세금을 내야 한다.

물론 네덜란드 사람들도 이 같은 세금 부담에 불만이 전혀 없는 것은 아니다. 그러나 워낙 많은 복지 혜택이 주어지는 데다 세금을 낸 만큼 퇴직 후 연금으로 돌려받기 때문에 크게 사회적 문제를 일으키고 있지는 않다.

네덜란드는 노인들이 잘사는 나라다. 네덜란드의 동네를 산책하다 보면 고급 주택에 사는 사람들이나 좋은 차를 모는 사람들 대부분이 노인인 것을 알 수 있다. 이는 젊은 시절 부지런히 돈을 모은 탓도 있지만, 국민연금 제도가 잘 마련되어 있는 것이 한몫을 한다. 네덜란드는 사회복지에 많은 예산을 투자하고 있는 까닭에 국민들이 요람에서 무덤까지 안정된 삶을 살아가는 나라다.

한국도 탈세에 관한 엄격한 처벌과 소득에 따른 세금 부과·수령이 제대로 이루어진다면, 지금처럼 대학생들이 과다한 등록금 때문에 시위를 벌이거나 자살하는 일은 없을 것이다. 올바른 조세 정책과 사회적 합의는 복지국가로 나아가기 위한 필수적인 일일 것이다.

네덜란드 엿보기 1

서민을 위한
남다른 혜택
: 월세 지원

네덜란드는 서민들을 위한 복지 혜택이 남다르다. 더구나 외국인에게도 그 혜택을 똑같이 부여해준다. 필자가 네덜란드에 살면서 가장 좋았던 것 중 하나가 네덜란드 정부로부터 월세 지원을 받았던 것이다. 지원금이 없었다면 앞뒤로 정원이 딸린 삼층집에 사는 것은 꿈도 못 꾸었을 것이다.

필자가 캄펀에 살 때 월세가 자그마치 520유로(78만 원)였다. 유학생 부부인 우리에게 이 돈은 엄청난 부담이었다. 그런데 다행스럽게도 소득이 없는 우리 가족을 위해 정부가 매달 270유로(40만 5,000원)를 지원해주었다. 월세의 반이 넘는 금액이었다. 이 돈은 1년이면 3,200유로, 원화로 550만 원에 이른다. 즉, 우리 가족은 10년 동안 네덜란드에 살면서 5,500만 원의 월세지원금을 받았다. 이 얼마나 큰돈인가! 네덜란드는 이 같은 월세지원금을 자국민은 물론 세금 한 푼 내지 않는 외국인 거주자에게까지 준다.

물론 이 혜택은 월세 650유로 미만인 서민 주택에 한한다. 월세가 그 이상인 경우는 사는 데 여유가 있다고 판단해 지원금을 주지 않는다. 이러한 네덜란드의 월세 지원 제도는 서민 경제의 든든한 보호막이 되고 있다.

한국에서 월세 주택에 사는 사람은 여러모로 서럽다. 꼬박꼬박 비싼 월세를 내느

라 저축하기도 힘들고 좋은 월세방 찾는 것도 쉽지 않다. 더구나 서민들에게 월세는 생계를 위협할 만큼 감당하기 힘든 것이 사실이다. 집은 인간이 거하는 안식처이자 최소 필요 공간이다. 한국에도 하루빨리 서민을 위한 월세 지원 방안이 마련되길 바란다.

네덜란드 엿보기 2

> 네덜란드는
> 의료복지의 천국

네덜란드는 아이를 낳아 기르기에 너무나도 좋은 나라다. 아이가 만 네 살이 되기 전까지 보건소가 나서서 아이의 건강과 성장 과정을 챙기기 때문이다. 네덜란드에는 집에서 아이를 낳는 산모가 많다. 이때 보건소 의사가 직접 집에 찾아와 산모와 아기의 건강 상태를 체크한다. 또한 아이가 만 네 살이 될 때까지 잘 성장하고 있는지 체크하고, 제때 예방 접종을 할 수 있도록 미리 접종 날짜를 예약해준다. 그 외에도 이유식 시기와 재우는 법, 놀아주는 법, 편식 습관 고치기 등 아이를 처음 키워보는 새내기 부모에게 세세하고 유익한 정보를 제공한다.

이처럼 동네 보건소는 아이가 태어나는 순간부터 영유아기인 만 네 살까지 성장에 따른 도움을 주기 때문에 젊은 부모들은 큰 고민 없이 아이를 키울 수 있다.

이러한 보건소 이용은 전부 무료다. 의료보험에 가입되어 있으면 이 모든 혜택을 누릴 수 있다. 의료보험만 있으면 아파도 경제적으로 큰 걱정이 없다. 큰 수술을 받게 되더라도 보험회사를 통해 수술비를 지원받기 때문이다(지원비는 보험 종류에 따라 다소 차이가 있다).

또한 네덜란드는 주치의 제도가 있어서 모든 사람에게 주치의가 있다. 아픈 데가 있으면 먼저 주치의를 만나야 하고, 주치의가 써준 소견서가 있어야 종합병원에

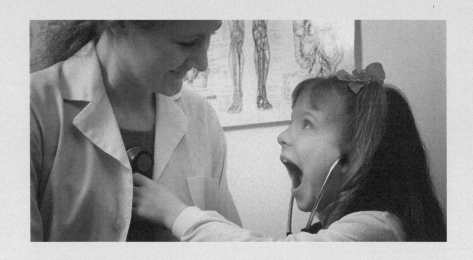

갈 수 있는 시스템이다. 그런데 주치의에게 진료를 받을 때나 심지어 치과 치료를 받을 때도 전혀 돈이 들지 않는다. 간호사가 치료비를 직접 의료보험회사에 청구해 진료비를 받기 때문이다. 따라서 네덜란드에서 살려면 반드시 의료보험에 가입해야 한다. 외국인인 경우, 의료보험에 가입하지 않으면 비자가 나오지 않는다. 의료보험료는 가정의 소득에 따라 차이가 있다. 영세민의 경우 성인 1인당 매달 약 100유로(15만 원)의 보험료를 낸다. 따라서 필자의 가족은 총 200유로(30만 원)를 내야 했는데, 소득이 없는 유학생 부부라 60퍼센트에 달하는 120유로(18만 원)를 정부가 지원해주었다. 또한 의료보험은 부모가 가입하면 그 자녀들은 만 18세가 되기 전까지 무료 가입이 된다. 부모가 낸 의료보험료로 아이들까지 의료 혜택을 보는 것이다.

한국에서는 기본 의료보험에 가입되어 있더라도 병원에 가면 진료비, 약값 등 비용을 부담해야 한다. 그러니 큰 수술이라도 하게 되면 가족들의 걱정이 이만저만이 아니다. 의료보험이 실질적으로 서민들에게 큰 도움이 되질 못하는 것이다.

02
사교육? 그게 뭐지?

학원과 과외를 모르고 자라는 아이들

큰아이가 초등학교 6학년(Groep 8)이던 해의 여름방학 무렵이었다. 우리 부부는 한국의 여느 부모들처럼 이왕 외국에 와서 공부하는 김에 아이의 영어 실력도 키웠으면 하는 욕심이 생겼다. 아이가 학교에서 영어를 배운다고는 하는데 그 실력이 형편없어 보였다. 기본적인 회화 이외엔 쉬운 말도 잘 알아듣지 못했고, 텔레비전에서 더빙이 되지 않은 미국 영화가 나오면 네덜란드어 자막을 읽기에 바빴다. 곧 중·고등학교에 입학할 아이를 생각하니 부모 입장에서는 걱정이 앞섰고 때로는 불안한 마음이 들기도 했다.

네덜란드가 영어권 국가가 아닌 탓에 이런 고민을 하는 건 다른 한국인 부모들도 마찬가지였다. 그래서 암스테르담이나 로테르담 Rotterdam 에 사는 한국인 대부분은 자녀를 미국인 학교로 보내고 있다. 한국으로 돌아갔을 때를 대비해 영어로 수업하는 학교를 택한 것이다. 하지만 수업료가 비싼 미국인 학교는 우리 같은 유학생 부부 처지로는 엄두도 내지 못할 곳이었다.

필자는 아이들에게 영어를 가르쳐줄 만한 곳을 찾기 시작했다. 하지만 한국에서와 같은 영어 학원은 단 한 군데도 없었다. 네덜란드 사람들은 학원이란 말 자체를 이해하지 못했다. 오히려 "중학교에 진학하면 당연히 영어를 더 많이 배우게 되는데 왜 미리, 그것도 따로 교육을 시켜야 하느냐"고 되물었다. 그러고는 "굳이 필요하다면 도서관에 가서 영어 책을 빌려 읽는 것으로도 충분하지 않느냐"며 의아해하는 눈빛으로 쳐다보았다.

네덜란드에는 초등학생들을 대상으로 한 보습학원이나 과외를 하는 곳이 없다. 즉, 어린이 사교육은 생각조차 할 수 없는 나라다. 초등학생들은 교과서를 집으로 가져오지 않기 때문에 예습·복습을 시켜야 한다는 개념이 애초에 없다. 더욱 놀라운 사실은 사교육 기관이 없는 건 중·고등학교에 올라가서도 마찬가지라는 것이다.

필자는 결국 영어 학원 찾기를 포기하고, 도서관에 가서 쉽게 쓰인 영어 책을 빌려다 아이들에게 보여주곤 했다. 그렇게 아이들이 자라 중·고등학교에 입학한 후, 영어 교육에 관한 지난날의 걱정이 기우에 지나지 않았다는 것을 깨달았다. 인문계중고등학교에 들어간 아이들은 방과 후 매일 영어 단어 암기, 문법과 독해 등에 관한 수많은 과제물을 스스로 풀고 공부했다. 한 달에 두 번, 영어 교사와 일대일로 치르는 구두 테스트를 준비하면서 혼자서 중얼중얼 회화 연습을 하더니 실력이 쑥쑥 늘었다. 아이들은 더빙과 자막이 없는 미국 외화 시리즈를 즐겨 보면서 필자보다 내용을 더 많이 이해하기 시작했다.

로테르담에 있는 한 한인 교포의 집에 놀러 갔을 때였다. 그 집의 아이는 초등학교 때부터 미국인 학교를 다녀 영어를 아주 능숙하게 하는 반면, 네덜란드어는 거의 할 줄 몰랐다. 필자의 큰아이와 그 집 아이 모두 한국어가 서툴렀던 탓에 두 아이는 영어로밖에 대화를 할 수 없었다. 그런데 큰아이는 그 아이와 대화하는 데 거의 막힘이 없었다. 두 아이가 학교생활과 친구들에 관해 얼마나 재미있게 이야기를 나누는지, 평소 큰아이가 영어로 말하는 것을 별로 보지 못했던 필자는 크게 놀랐다. 그런데 잠시 후, 그 교포 아이가 자신의 엄마에게 "엄마, 저 아이도 미국인 학교 다녀요?" 하고 묻는 게 아닌가. "완전 영국식 발음이에요. 영어 정말 잘하네요"라고 하는 아이에게, 아이 엄마는 "아니야. 저 아이는 네덜란드 학교 다니는데" 하면서 놀라는 표정을 지었다. 우리 부부는 집에서 가까운 네덜란드 학교에 보낼 수밖에 없는 집안 형편이 늘 아이들에게 미안했다. 그런데 학교 교육만으로 이처럼 영어를 잘할 수 있게 되다니, 아이들이 신기하고 고마울 따름이었다.

　네덜란드에 살면서 아이들의 사교육을 고려해본 것은 영어 문제에서만이 아니었다. 필자의 둘째는 현재 인문계중고등학교 6학년으로, 한국으로 따지면 고등학교 3학년이다. 둘째는 1학년 때부터 유독 화학 과목을 어려워했다. 열심히 공부해도 이해가 잘 되지 않고 시험 성적도 늘 낮게 나온다며 투덜거렸다. 당연히 필자도 걱정이 되었고 안타까운 마음이 들었다. '어디 화학만 따로 가르쳐줄 과외교사 없을까, 화학만 따로 배울 수 있으면 참 좋을 텐데' 하고 몇 번이나 생각했다. 하지만 그런 곳은 당연히 없었다. 가끔 큰아이가 동생의 공부를 봐줄 뿐이었다.

　물론 학교에서 이러한 문제를 신경 쓰지 않는 것은 아니었다. 학교에는 '과목별 교사 면담'이란 것이 있었다. 화학교사와의 면담 자리에서 이 문제를 상의했더니 "공부하다 어려운 것이 있으면 언제든지 질문하도록 당부해달라"고 했다. 그 이야기를 둘째에게 했더니 "엄마, 나 그냥 6점 정도만 맞으면 돼. 모든 과목에서 높은 점수를 받으려고 너무 애쓸 필요 없어. 화학에는 재능이 없는 게 분명하니 대학 가면 화학이랑 안녕하면 되지"라며 넉살을 부렸다.

　이렇듯 네덜란드에는 사교육 기관이 아예 없기 때문에 사교육비 때문에 걱정하는 부모가 없다. 아이들 역시 방과 후 연달아 학원에 가는 일로 문제를 일으킬 여지가 없다. 즉, 네덜란드의 초등학생들은 마음껏 놀면 되고, 중·고등학생들은 스스로 시간 관리를 잘하면 그만인 것이다. 네덜란드 사람들은 사교육이 없다고 해서 아이나 부모 그 누구도 앞으로의 미래를 불안해하거나 염려하지 않는다. 학교 교육이 절대적으로 신뢰받고 있기 때문이다.

사교육을 왜 하나요?

"한국의 아이들은 왜 사교육을 받느냐?" 이는 네덜란드 사람들이 필사에게 가장 많이 한 질문 중 하나다. 개중에는 "한국의 학교 교육은 학원보다 교육 수준이 낮고 교사의 자질도 부족하냐?"고 묻는 사람도 더러 있었다. 그러한 질문은 받을 때면 참으로 당황스러웠다. 이 사람들에게 한국의 특수한 상황을 어떻게 설명하고 납득시켜야 할지 늘 머릿속이 복잡했다.

그래서 그때마다 "한국의 학교 교육이나 교사의 자질은 결코 수준이 낮지 않다. 다만 한국은 대학 경쟁률이 치열하고 대다수의 부모가 자녀를 좋은 대학에 보내고 싶어 한다. 그래서 경쟁적으로 아이를 학원에 보낸다"라며 문화적인 차이에 대해 열변을 토하곤 했다. 그러면 네덜란드 사람들은 또다시 이렇게 되물었다. "왜 모두 대학에 가야 하는데?" 이러한 의문은 그들의 사고방식으로는 당연한 것이었지만, 그런 질문을 받을 때마다 필자는 한국의 교육 현실과 사회적 분위기에 대해 다시 생각해보게 되었다.

사실 큰아이가 중·고등학교 입학을 결정하는 국가시험인 '시토CITO: Centraal Instituut voor Toests Ontwikkeling'를 치르고 난 뒤, 필자는 그 결과에 적지 않은 충격을 받았다. 반 아이 30명 중 인문계중고등학교에 갈 수 있는 아이는 고작 5명 정도에 불과했기 때문이었다. 나머지 아이들은 '상위 보통중고등학교HAVO'나 '중·하위 직업중고등학교VMBO'에 가는 것이었다. 더욱 놀라운 것은 이러한 결과를 네덜란드 부모들은 당연하게 받아들였고, 심지어 자녀가 중·하위 직업중고등학교에 가는 것에 대해서도 자랑스럽게 말하곤 하는 것이었다.

만약 이런 교육 시스템이 한국에 도입된다면 한국의 학부모들은 어떤 반응을 보일까 상상해보았다. 학생의 80퍼센트가량이 직업교육을 목적으로 하는 중·고등학교에 가는 것에 대해 과연 한국의 부모들은 만족스럽게 생각할까? 결코 쉽게 받아들이지 못할 것이다. 어쩌면 일부 학부모들은 자신의 자녀를 인문계중고등학교에 보내기 위해 아이가 초등학교 저학년일 때부터 사교육에 미친 듯이 매달릴지도 모를 일이다.

네덜란드에는 왜 우리와 같은 교육 열풍과 사교육이 없는 것일까? 그들의 교육열이 부족해서인가, 자녀에게 욕심이 없어서인가? 그 이유는 간단하다. 우선 대학(학문연구중심대학인 WO를 말한다)

의 입시 경쟁률이 거의 없다는 점을 들 수 있다. 추점제로 학생을 뽑는 일부 학과를 제외하면, 인문계중고등학교의 졸업시험에 통과한 학생이라면 누구나 원하는 대학에 갈 수 있다. 더 좋은 대학, 더 좋은 학과에 진학하기 위해 경쟁적으로 사교육을 받을 필요가 없는 것이다.

여기에 모든 사람이 공부를 잘할 수는 없다고 생각하는 의식도 큰 몫을 하고 있다. 네덜란드 부모들은 자신의 자녀가 무조건 대학에 가야 한다고 생각하지 않고 강요하지도 않는다. 물론 자녀가 공부를 잘해 대학에 들어가면 기뻐하고 축하해준다. 그렇지만 모든 사람은 타고난 재능이 다르다는 것을 인정하기에, 아이에게 공부 외의 다른 재능이 보이면 일찍부터 이를 받아들이고 그 재능을 키울 수 있도록 격려한다.

또한 네덜란드에서는 초등학교 때부터 학생의 학업성취도가 아주 자세하고 정확하게 기록된다. 학부모들은 교사와의 면담을 통해 자녀의 성적과 수업 자세, 학업 능력 등을 세세하게 알게 된다. 하지만 네덜란드 학부모들은 "넌 왜 공부를 못하니, 성적이 어쩜 그러니?"라며 자녀에게 공부하기를 채근하지 않는다. 대학 입학이 최고의 목표가 아니라고 생각하기 때문이다. 그들은 공부하는 것을 좋아하지 않는 아이가 대학에 가면 학교생활에 잘 적응하지 못하리란 걸 알고 있다. 오히려 자녀가 공부하기를 싫어하면 더 낮은 수준의 학교로 옮겨서 그 아이의 능력에 맞는 것을 일찌감치 배울 수 있게 하는 것이 최선이라고 생각한다. 이러한 태도는 그들의 교육 시스템과 깊은 관련이 있다.

네덜란드의 인문계중고등학교에는 초등학교 때 국가시험을 잘 쳐서 입학했지만 학년이 올라가면서 교과 수준을 따라가지 못하고 유급을 하거나 전학을 하는 학생들이 적지 않다. 하지만 네덜란드의 부모들은 아이가 인문계중고등학교를 졸업하도록 강요하지도, 나서서 사교육을 알아보지도 않는다. 학교 수준에 학생을 맞추기보다 학생이 자기 수준에 맞는 등급의 학교를 다니게 하는 것이 교육의 효과를 향상시킨다고 믿기 때문이다

더구나 네덜란드의 인문계중고등학교는 학생 스스로가 최선을 다해 공부하지 않으면 안 되게 되어 있다. 그러니 공부에 열의가 있는 학생들은 자신만의 학습법이나 생활 리듬을 찾아 공부하는 지혜를 터득해간다. 그렇게 시간을 잘 활용한 아이들만이 좋은 성적을 유지해 대학까지 진학을 할 수 있다. 네덜란드인들의 대학 진학률은 전체 국민에 15퍼센트 정도에 불과하다.

네덜란드에는 학생의 학업 능력 차이를 고려해 중·고등학교가 수준별로 다양하게 설립되어 있다. 그러니 한국의 학생들처럼 학교 교육 수준에 따라가기 위해 사교육을 받아야만 하는 상황이 생기지 않는다. 더구나 한국의 학교는 공부를 못한다고 해서 유급을 시키지도 않는다. 좋은 대학에 가시 못하게 될 뿐이다. 이는 학생 개인의 능력에 따른 차별화 교육이 전혀 이루어지지 않고 있음을

보여주는 대목이다. 한국에서 사교육이 극성을 부리는 것은 이 때문이다.

거기다 한국은 네덜란드처럼 공부 못하는 학생들에게 관심을 두지 않는다. 그저 학교만 졸업시키면 그만이다. 학교는 공부 잘하는 아이들 중심으로 돌아가며, 명문대에 몇 명의 학생을 보내느냐에 온 힘을 기울이는 경우가 허다하다. 이 같은 학교 교육이 사교육을 부채질하고, 공부 못하는 아이들을 학원가로 내몰고 있는 것이다.

그런 면에서 네덜란드의 상위 보통중고등학교나 중·하위 직업 중고등학교는 아이들을 사람답게 살 수 있는 길, 새로운 꿈으로 안내하고 있다고 볼 수 있다. 네덜란드에서는 대학을 나오지 않아도 먹고사는 데 큰 지장이 없다. 게다가 네덜란드 사람들은 다른 사람의 직업을 높게 평가하고 귀하게 여긴다. 아무리 훌륭한 의사라 해도 도로공사는 할 수 없고, 똑똑한 대학교수가 있다고 해도 제빵사가 없으면 빵을 사 먹을 수 없다는 것은 잘 알고 있다. 허드렛일을 하더라도 자부심을 가지고 즐겁게 사는 사람들을 자주 볼 수 있다.

한번은 길을 가다가 콧노래를 부르며 유리창을 닦는 남자를 한참 동안 쳐다본 적이 있다. 그는 큰 유리창에 거품을 묻혀 찌든 때를 벗겨내더니, 솔을 들고 한쪽 가장자리에서 다른 쪽 가장자리로 한 번에 멋지게 포물선을 그리며 물기를 닦아냈다. 필자는 물론 옆에서 함께 지켜보던 아이들도 손뼉을 치며 유리창 닦는 아저씨를 칭찬하기에 여념이 없었다.

물론 네덜란드에서도 좋은 직업을 가진 고학력자는 소득이 많다. 하지만 버는 만큼 세금을 내야 한다. 또한 골치 아픈 문제들과 늘 씨름을 해야 한다. 그러니 남들이 말하는 좋은 직업을 얻고자 머리를 싸매 가며 억지로 공부를 하지 않는다. 자신에게 맞는 직업, 자신이 좋아하는 일을 찾아 만족하며 살아가려는 것이다.

따라서 네덜란드 사람들은 사교육까지 받아가며 좋은 대학을 나와야 잘 살 수 있다는 생각을 거의 받아들이지 못한다. 오히려 다수가 대학에 가버리면 사회 곳곳에 필요한 인력은 어떻게 공급하느냐며 의문을 제기한다. 이러한 여러 요인들이 네덜란드에서 사교육을 자리 잡지 못하게 하고 있는 것이다.

유일한 사교육, 스포츠·예능

굳이 꼽자면 네덜란드에도 사교육이 있는 분야가 있다. 바로 예능과 스포츠다. 먼저 예능에 대해 이야기하자면 시에서 운영하는 '뮤직스쿨Muzikschool'을 들 수 있다. 뮤직스쿨은 피아노, 바이올린 같은 악기 연주는 물론이고 무용, 그림 등 모든 예능 분야를 가르치는 곳이다.

필자는 세 아이 모두 이곳에 보내 악기를 가르쳤다. 수업료는 부모의 소득에 따라 차이가 크게 나는데, 유학생인 남편이 소득이 없다보니 아이 한 명에게 들어가는 수업료가 1년에 고작 20만 원이었다. 그것도 미리 낼 필요가 없었다. 수업을 시작한 후 두 달 뒤에 수업료가 청구되었고, 형편에 따라 세 번에 나눠 낼 수 있었다.

이처럼 관할 시청은 소득이 없거나 소득이 낮은 가정 자녀들의 수업료를 지원해, 경제적으로 여유가 없는 가정의 아이들도 음악, 미술 교육의 기회를 똑같이 누리게 한다. 또한 누가 얼마나 수업료를 내는지는 부모와 아이만이 알 수 있다. 교사는 맡은 학생을 가르치는 데 최선을 다할 뿐 수업료에 관여하지도 않을 뿐더러, 누가 얼마를 내고 있는지 알 수도 없다.

뮤직스쿨에서는 저렴한 비용으로 악기도 빌려준다. 구태여 비싼 악기를 살 필요가 없다. 유학생이라 커가는 아이의 체형에 맞춰 매번 악기를 사주기가 부담스러웠던 우리 부부는 악기를 빌려 아이들에게 계속 음악을 가르칠 수 있었다. 사실 어린아이가 어떤 악기 하나를 오랫동안 배운다는 것은 쉽지 않은 일이다. 배우다 흥미를 잃으면 대부분 그만두게 마련이다. 그래서 네덜란드 부모들은 자녀가 뮤직스쿨에 다니기 시작했다고 해서 바로 악기를 사주지 않는다. 악기를 빌려서 가르치다가 아이가 배우는 데 흥미를 계속 느끼면 그때 새 악기를 선물하는 식이다.

이처럼 예능을 가르치기 좋은 여건인데도 네덜란드 부모들은 자녀에게 배우기를 강요하지 않는다. 한국 부모들 같으면 기를 쓰고 가르치려 들 텐데 말이다. 필자 역시 저렴하게 악기를 배울 수 있는 기회를 놓치기 아까워 아이들을 반강제로 뮤직스쿨에 보냈다. 친구들과 놀기 바빴던 아이들은 일주일에 한 번 가는 수업을 투덜대며 가곤 했다. 나중에 알고 보니 큰아이가 초등학교에 다닐 때 반에서 피아노를 칠 줄 아는 아이는 큰아이를 포함해서 고작 셋이었다.

그러나 스포츠에 관해서는 좀 다르다. 네덜란드 부모들은 대부분 한 종목 이상의 스포츠를 아이들에게 가르친다. 특히 축구의 나라 네덜란드답게 남자아이들은 대개 축구를 배운다. 스포츠는 각 클럽마다 어린이 교실을 운영하기 때문에 비용이 아주 저렴하다. 축구를 비롯해 실내체육 종목의 한 달 활동비는 고작 2~3만 원 선이다. 그러니 돈이 없어서 스포츠를 하지 않는 아이는 거의 없다.

음악적 재능이나 스포츠 분야에 탁월한 소질이 있는 아이들은 특별히 시나 스포츠클럽에서 그 능력을 발굴·지원해주기도 한다. 알고 지내던 한국인 목사의 자녀 가운데 초등학교 4학년(Groep 6) 때 바이올린 영재로 선발된 아이가 있었다. 그 아이는 어려운 가정 형편을 편지로 써서 한 대학교수에게 보냈고, 그 교수가 음악 재단을 소개해 그 재단으로부터 전액 장학금과 고가의 바이올린을 후원받으며 음악을 계속 공부할 수 있었다.

또한 네덜란드의 부모들 중에는 아이가 운동을 좋아하면 지역

클럽 수준을 넘어 국가연맹에서 운영하는 곳을 찾아 장거리 훈련도 마다하지 않는 사람들이 많다. 여기서 중요한 것은 네덜란드에서는 예능이나 스포츠가 대학 입시와 전혀 상관없다는 사실이다. 즉, 그곳 사람들은 우리처럼 예체능으로 대학에 가기 위해 목숨 걸지 않는다. 그들에게 예체능은 단지 취미다. 그리고 재능이 뛰어나다면 자연스레 관련 대학에 진학하게 되는 것이다. 네덜란드에서는 예체능을 공부한다고 해서 학교 수업을 게을리할 수가 없다. 예체능 전문대도 졸업시험을 봐서 자격증을 따야 입학할 수 있기 때문이다.

네덜란드에는 예체능 분야에서도 남들이 하니까 우리 아이도 해야 한다는 식의 사교육 열풍이 없다. 내 아이가 무엇을 좋아하느냐가 중요할 뿐이다. 그 예로 네덜란드는 부유한 나라이면서도 피아노가 있는 집을 찾아보기 어렵다. 웬만한 가정이면 피아노가 있고, 젖만 떼면 피아노 학원에 보내는 우리와 확연히 다르다는 증거다.

참고로 네덜란드의 뮤직스쿨과 스포츠클럽은 매년 봄 'Open dag'이라는 것을 마련한다. Open dag은 '모든 사람에게 문을 연다'는 뜻으로 학부모와 학생에게 모든 시설을 개방하고 체험을 유도하는 행사다. 뮤직스쿨에서는 교사가 직접 악기를 연주하거나 수강생들의 미술 작품을 선보이고, 스포츠클럽에서는 게임을 마련해 재미를 더해주기도 한다. 이 행사는 주최자들에게는 홍보의 장이 되고 부모들에게는 자신의 아이가 무엇에 관심이 있는지 알아볼 수 있는 좋은 기회가 된다. 따라서 대부분의 부모들은 4~5월이 되면 아이들을 데리고 Open dag 행사에 참여하는 것이 연례행사다.

수영 조기교육 열풍

네덜란드에도 조기교육 열풍이 있다. 바로 수영에 한해서다. 네덜란드는 육지가 바다보다 낮아 과거 물과의 전쟁을 치른 나라다. 그래서인지 이곳의 수영 교육은 남다르다. 단순한 스포츠가 아닌 생존을 위한 수영을 가르치기 때문이다.

네덜란드의 아이들은 생후 6개월 때부터 시작해 만 세 살이 되면 본격적으로 수영을 배운다. 수업료는 1회에 2유로 정도로 대개 10회로 끊어 신청한다. 만 세 살 아이들의 수영 수업은 물과 친해지는 놀이에 가깝다. 물에 대한 무서움을 떨쳐버리고 물을 좋아하게끔 만드는 것이 목적이다.

네덜란드의 아이들은 수영할 때 물안경이나 수영 모자를 쓰지 않는다. 갑작스레 물에 빠졌을 때 물안경과 수영 모자를 쓰고 있는 경우는 드물기 때문이다. 따라서 아이들은 물속에서 눈을 뜨고 수영을 하는 법부터 자연스럽게 배워나간다.

어느 정도 수영을 할 수 있게 된 아이들은 부모와 떨어져 혼자 물 위에 뜨는 법을 배운다. 가장 기초적인 영법泳法은 흔히 말하는 개구리헤엄으로, 특이한 것은 고개를 물 위로 내놓는다는 것이다. 이 영법은 물에 빠졌을 때 가장 쉽게, 가장 오래 버틸 수 있는 방법이다. 그리고 만 네 살이 된 아이들은 자격증diploma을 따기 시작한다. 이때부터 수영은 더 이상 놀이가 아니다. 실력이 없으면 1단계부터 6단계까지의 과정을 따라갈 수가 없다.

네덜란드에 간 지 얼마 되지 않아 수영 때문에 곤혹을 치렀다. 당시 여섯 살, 일곱 살이었던 두 아들은 종종 학교 친구들에게 생일 파티 초대장을 받아왔는데, 그 파티를 여는 곳이 대개 수영장이었다. 그런데 필자의 아이들은 자격증은커녕 수영을 전혀 하지 못했다. 네덜란드에서는 수영 자격증이 없는 아이는 혼자 물에 들어갈 수 없게 되어 있다. 그러니 수영장 파티가 열릴 때마다 필자는 아이들 곁을 내내 따라다녀야 했다. 참으로 쉽지 않은 일이었다.

어떻게 해서든 아이들에게 수영을 가르쳐야겠다는 생각이 들어 1년여 만에 기초 자격증 A를 따게 했다. 늦둥이로 태어난 딸은 두 살 때부터 수영을 배우게 했다. 그 덕에 딸아이는 네 살이 되었을 때 혼자서 평영, 배영으로 50미터를 오갈 수 있었고, 교사가 일부러 아이를 물에 던져버려도 혼자 물속에서 헤엄쳐 나올 수 있었다.

아이들이 수영을 배우는 동안 부모들은 수영장 안이 아닌, 옆 벤

치에 앉아 아이를 지켜본다. 아이가 운다고 해서 누구 하나 다가 가지도 않는다. 수영장에서는 수영 교사에게 모든 것을 맡겨야만 한다. 다음 단계로 넘어가는 것도 오로지 교사의 판단에 따른다. 4단계에 이르면 수심이 3미터가 넘는 곳으로 수영장을 옮기게 되는데, 이 단계에서 아이들은 스스로 잠수해 3미터 아래 설치된 천의 구멍을 통과해야 하고 다이빙도 거뜬히 해낼 수 있어야 한다.

이렇게 어려운 과정을 하나하나 통과해 6단계를 지나면 드디어 자격증을 따게 된다. 수영 자격증 시험을 보는 날은 그야말로 온 가족의 잔칫날이다. 부모는 물론 친척과 지인들까지 초대해 아이를 격려하며 시험을 치르게 하기 때문이다.

수영 자격증은 A, B, C, D로 나뉘는데 가장 낮은 등급이 A다. A 자격증을 따려면 50미터를 평영, 배영으로 왕복할 수 있어야 하고, 수심 3미터 아래에 설치된 천의 구멍을 잠수해서 통과해야 하며, 다이빙을 할 줄 알아야 한다. 이렇게 자격증의 가장 낮은 등급이라 해도 쉽지 않은 조건인데 지원하는 아이들 대부분이 합격을 한다. 수영 교사들이 합격할 만한 아이들만 골라 시험을 보게 하기 때문이다.

네덜란드 초등학교에서는 2학년(Groep 4)부터 수영을 가르친다. 부모들은 아이가 어릴 때 A 자격증을 따게 하고, B부터는 학교에서 무상으로 배워 따게 하는 경우가 많다.

B 자격증을 따기는 상당히 어렵다. 이때는 실생활에서 물에 빠

질 경우를 대비한 수영을 배운다. 따라서 옷은 물론 신발까지 신고 수영을 해야 한다. 심지어 가벼운 점퍼까지 입어야 하니 결코 만만 치가 않다. 그런데도 대다수 초등학생이 B 자격증을 가지고 있다. 이 단계를 지나 C를 따려면 물에 빠진 사람을 구조할 줄 알아야 한 다. 이 시험을 통과하면 다른 사람을 효과적으로 구출하는 법을 완 벽하게 익히게 된다.

한국에서 수영을 배운 필자는 10여 년간 네덜란드에서 살았어 도 지금껏 물안경이 없으면 잠수를 하지 못하고 다이빙도 못한다. 그래서 맨몸으로 물에 뛰어 들어가 노는 네덜란드의 아이들이 마 냥 부러웠다. 여름철 바다에서 아이들은 물속에서 노는데 해변에 서 편안히 휴식을 즐기는 어른들의 모습도 마찬가지였다. 이 모든 것이 수영 조기교육 열풍의 특혜일 것이다.

히딩크의 나라
네덜란드

2002년 한일월드컵 때 필자의 가족은 네덜란드에 있었다. 당시 한국 팀이 8강까지 진출하며 승승장구할 때, 틈만 나면 네덜란드 사람들의 축하 인사를 받느라 얼마나 행복했는지 모른다. 네덜란드 사람인 히딩크가 한국 팀의 감독이어서, 그들 역시 우리 못지않게 한국 팀을 응원해주었다.

네덜란드는 축구의 나라다. 아이들이 마음껏 축구를 할 수 있는 작은 잔디 구장이 동네마다 서너 개씩 있을 정도로 국민 모두가 축구를 좋아한다. 네덜란드 부모들이 수영 버금가게 아이들에게 열심히 시키는 운동이 바로 축구다. 우리 가족이 살던 캄펀은 아주 작은 도시인데도 축구 클럽이 세 개나 있다. 이 축구 클럽은 매년 새로운 꿈나무들을 선발하는 데 주력한다. 새해가 되면 오픈행사를 열어 회원을 모집하며 네 살부터 참여가 가능하다. 어린아이들의 소질을 미리 파악하고 키워주기 위해서다.

어린이 축구 클럽은 F7부터 F1까지의 단계가 있다. 실력이 늘면 더 높은 단계로 올라간다. 어린아이들의 놀이라고 하기에는 그 과정 또한 알차다. 일주일에 한 번씩 레슨을 하고 시합 또한 매주 열린다. 그런데도 돈이 거의 들지 않는다. 원화로 한 달에 1만 원에서 1만 5,000원 정도만 내면 된다. 축구복도 맞출 필요가 없다.

시합이 있을 때 팀 구분을 위해 클럽에서 같은 색의 조끼를 가져와 입힐 뿐이다. 기초 과정인 F 등급을 통과하면 E 등급으로 올라간다. 이때부터 초등학교 저학년 아이들의 본격적인 축구 클럽 활동이 시작되는 셈이다. E 등급부터는 축구복도 맞춰 입고, 실력에 따라 등급도 차이 나기 시작한다. D, C 등급을 거친 아이들은 중·고등학생이 되면서 B, A 등급으로 올라간다.

이처럼 축구 클럽에서 유년기와 청소년기를 보낸 네덜란드 사람들은 프로선수의 길로 들어서지 않더라도 일생 동안 축구를 즐긴다. 물론 축구에 남다른 소질이 있는 학생들은 클럽 코치들의 추천과 발탁을 통해 자연스레 프로의 세계로 입문하게 된다.

네덜란드는 온 국민이 축구를 좋아해서 각 지역을 대표하는 클럽 팀의 경기가 열리면 축구장이 항상 만원이다. 각 시즌 티켓이나 1년 치 티켓을 몽땅 구매해놓고 매 경기를 관람하는 열성 팬 또한 적지 않다. 또한 텔레비전 중계를 챙겨 보는 사람도 많기 때문에 축구 시합이 있는 날 집으로 전화 거는 사람을 두고 '상식 없는 사람'이라는 말까지 한다. 네덜란드의 축구 선수들은 자국 내 축구팀에 소속되어 있어도 수입이 대단하다.

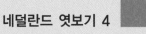

물과의 전쟁에서
물과의 공생으로

네덜란드Netherlands는 '낮다'라는 뜻의 'Neder'와 '땅'을 뜻하는 'Land'가 합쳐진 말이다. 즉, 네덜란드는 낮은 땅, 바다보다 땅이 낮은 나라라는 의미다. 네덜란드는 국토의 27퍼센트가 해수면보다 낮으며, 해발 5미터를 넘지 않는 땅이 국토의 절반 이상이다. 또한 국민의 60퍼센트가 해수면보다 낮은 지역에서 살고 있다. 네덜란드에서 가장 높은 지점은 해발 321미터에 불과하다. 네덜란드는 산이 없는 나라다. 인위적으로 만든 숲bos만 있을 뿐이다.

네덜란드에는 유명한 말이 있다. "신은 세상을 창조했으나, 네덜란드인은 육지를 만들었다." 네덜란드에서 살면 이 말을 실감할 수 있다. 교과서에서 네덜란드의 한 소년이 강둑에 구멍이 뚫려 물이 새는 것을 보고 주먹으로 이를 막아 마을을 구했다는 이야기를 배운 적이 있는데, 이는 물과의 전쟁을 치른 네덜란드의 역사를 재미있게 표현한 것이다.

네덜란드는 과거에 물로 인한 숱한 피해를 입었다. 1421년에는 홍수로 10여 개의 도시가 물에 잠겼고, 1953년에는 최악의 폭풍해일이 남서부 해안을 덮쳐 1,900여 명의 인명피해가 났으며 20만 마리의 가축, 5만여 채의 가옥, 16만 헥타르의 농지를 잃었다. 해상무역을 통해 부를 쌓았지만 그 물이 모든 것을 앗아간 것이다.

하지만 네덜란드인들은 그들을 위협하는 물을 그대로 두지 않았다. 세계 최고의 수리 공학 기술을 바탕으로 세 개의 강이 만나는 남서부 제일란트Zeeland 지역에 댐과 방조제를 건설하는, 이른바 '델타 프로젝트Delta Project: 1958~1972년'의 기적을 이룬 것이다.

이러한 간척 사업을 벌인 결과 그들에게는 '새로운 땅polder: 네덜란드의 해안 간척지'이 생겨났고 이 땅에 도시가 건설되었다. 암스테르담, 로테르담, 에담Edam 등 네덜란드에 댐dam으로 끝나는 도시 이름이 많은 것은 이 때문이다.

새로운 육지를 만들어낸 네덜란드는 전 세계 간척지 사업의 선구자 역할을 톡톡히 해냈다. 그러나 인간이 자연을 완벽하게 다스릴 수는 없는 법이다. 델타 프로젝트는 라인Rhein 강의 하구를 막아 북해의 바닷물이 강으로 흘러드는 것을 원천적으로 막은 것인데, 그러자 독일과 스위스에서 떠내려온 오염 물질이 하구에 쌓여 생태계 파괴 등 큰 문제를 야기하기에 이르렀다. 그로 인해 네덜란드는 2005년부터 라인 강 하구의 하링플리트 댐Haringvliet dam의 수문을 조금씩 열기 시작했다. 생태계의 변화를 주시하며 다시금 바닷물을 끌어들이게 된 셈이다.

현재 지구온난화로 해수면이 상승하고 기상이변으로 인한 재해가 지구촌 곳곳에

서 속출하고 있다. 이에 2010년 네덜란드는 "국가 물 정책Het Nationaal Waterplan을 방어가 아닌 공생의 방식으로 발상을 전환하겠다"고 밝혀 전 세계의 이목을 집중시키기도 했다. 네 살짜리 아이들에게 지독하리만치 무섭게 수영을 가르치는 네덜란드의 부모들만 봐도 자연환경을 극복하고자 하는 의지는 그들에게 뿌리 깊게 박혀 있는 국민성이자 저력임을 알 수 있다.

03
대학에 목숨 걸지 않는다

모두 대학에 가면 누가 집을 짓고 빵을 만들지?

네덜란드 사람들과 커피를 마시다 한국의 교육 환경에 대한 대화를 나눈 적이 있다. 그때 네덜란드의 중·고등학교에서 국어를 가르치는 여성이 물었다. "한국에도 중·고등학교가 우리나라처럼 다양하냐?" 한국의 교육 현실을 어디서부터 설명해야 할지 난감했지만 이렇게 대답했다. "한국은 네덜란드와 달리 중학교와 고등학교가 나눠져 있다. 중학교는 거의 인문계이고 고등학교에 올라가면서 인문계와 실업계로 갈라지는데, 중학교 졸업자의 80퍼센트 이상이 인문계 고등학교로 진학한다."

그랬더니 "그러면 그 많은 인문계 아이들이 대학에 간다는 말인가? 왜 모두 대학에 가야 하나? 집을 짓고 도로를 만들고 빵을 굽고 페인트를 칠하는 일은 그럼 누가 하나? 대학 나온 사람들은 그런 일을 안 할 텐데, 대학을 졸업한 아이들이 다 취직을 하긴 하는가?"라며 끝없이 질문 공세를 퍼부었다. 필자는 한동안 할 말을 잃고 앉아 있었다. 특히 "너희 나라에서는 왜 모두가 대학에 가야 하느냐, 대학을 나오지 않으면 살기 힘든가?"라는 물음은 심각하게 고민해볼 문제였다.

네덜란드인의 사고로 볼 때 이 같은 의문이 드는 것은 당연하다. 네덜란드 학생들의 대학 진학률은 15퍼센트에 불과하기 때문이다. 여기에서 말하는 대학은 'WO^{Universiteit}', 즉 '학문연구중심대학'을 의미한다. 네덜란드는 GNP^{국민 총생산}가 1인당 3만 4,000유로, GDP^{국내 총생산}가 4만 6,000유로에 달할 만큼 잘사는 나라이면서도 대학 진학률은 한국보다 현저하게 낮다.

한국은 대학 진학률이 높기로 세계에서 손꼽히는 나라다. 한국인들이 대학에 목숨을 거는 이유는 아마도 대학을 나와야 좋은 직장을 얻어 더 많은 돈을 벌 수 있다고 생각하기 때문일 것이다. 하지만 대학 졸업자 모두가 원하는 대로 취업을 하고 있나? 2011년 8월 교육과학기술부가 발표한 자료에 따르면, 지난 1년 사이 대학을 졸업한 학생들의 취업률은 불과 54.5퍼센트였다. 대학을 졸업하고도 직장을 구하지 못한 실업자가 절반 가까이에 이른다는 이야기다. 청년실업 문제는 한국 사회가 안고 있는 큰 사회적 고민거리다. 그럼에도 여전히 대학 입시 열풍은 식을 줄 모른다.

그에 반해 네덜란드 학생들은 대학 가는 것에 목숨을 걸지 않는다. 네덜란드에서 대학은 학문의 전당을 뜻한다. 따라서 학문 연구에 뜻이 있거나 연구직이나 고위 전문직에서 일하고 싶은 사람들만 대학에 가려 한다. 그 외 대학에 가지 않는 사람들은 '상위 직업전문대HBO'와 '중·하위 직업전문대MBO'로 진학한다. 이 중 상위 직업전문대는 한국의 4년제 전문대학과 비슷하다 할 수 있다. 하지만 네덜란드 사람들은 중·하위 직업전문대는 물론 상위 직업전문대를 대학이라 여기지 않는다. 말 그대로 직업 교육을 행하는 학교일 뿐이다.

네덜란드 학생들에게 대학 입학은 중요한 목표가 아니다. 미래에 어떤 일을 할 것인지, 그리고 그 일을 하기 위해 어떤 교육을 받아야 할지 결정하는 데 온 신경을 쏟는다. 친구가 대학에 간다고 해서 자신도 대학에 가려고 애쓰지 않는다.

즉, 일찌감치 자신이 잘할 수 있는 일을 찾아 더 많은 정보를 얻는 것이 현명한 길임을 학부모와 학생이 함께 받아들이고 준비하는 것이다. 한국에서는 회사가 신입 사원에게 인턴 교육을 해 실무 경험을 쌓게 한 후 비로소 일을 시키는 경우가 많다. 다시 말해 대학의 학문 위주 교육이 취업 현장에서는 별 쓸모가 없게 되는 경우가 허다하다. 어릴 때부터 실무 교육과 경험을 쌓아가며 미래의 직업을 준비해가는 네덜란드인의 현명한 선택을 우리도 배울 수 있다면, 지금 이 순간에도 대학 입시만을 바라보며 긴 시간을 허비하는 수많은 학생들에게 새로운 비전과 더 많은 꿈을 심어줄 수 있을 것이다.

네덜란드의 학제

네덜란드의 일반초등학교는 유아 교육 과정을 포함에 총 8년 과정이다. 초등학교 입학은 만 네 살부터이며, 초등학교 졸업시험인 시토 결과에 따라 세 등급의 중·고등학교로 진학한다. 중·고등학교는 각 등급에 따라 교과 과정은 물론 재학 기간이 다르다. 또한 초등학교를 비롯한 모든 학교에 유급이 적용되기 때문에 입학한 연도는 같아도 졸업 시기는 조금씩 다를 수 있다.

1. 초등학교

- BO Basis Onderwijs

  일반초등학교(만 4~12세, 8년 과정)

- SO Speciaal Onderwijs

  특수학교(정신지체아·발달장애아 교육, 만 4~18세, 14년 과정)

2. 중·고등학교

- VWO Voorbereidende Wetenschappelijk Onderwijs

  인문계중고등학교(만 12~18세, 6년 과정)

- HAVO Hoger Algemeen Voorgezet Onderwijs

  상위 보통중고등학교(만 12~17세, 5년 과정)

- VMBO Voorbereidend Middelbaar Beroeps Onderwijs

  중·하위 직업중고등학교(만 12~16세, 4년 과정)

3. 대학 및 직업전문대

- WO^{Wetenschappelijk Onderwijs/ Universiteit}

  학문연구중심대학(학사 과정 3년, 석사 과정 1~3년)

- HBO^{Hoger Beroeps Onderwijs}

  상위 직업전문대(학사 과정 4년, 석사 과정 1~3년)

- MBO^{Middelbaar Beroeps Onderwijs}

  중·하위 직업전문대(4개 등급에 따라 6개월~4년)

- Dr^{Doctorsgraad}

  WO 졸업 후의 박사 과정

- SO^{Specislistenopleiding}

  MBO 졸업자가 HBO로 편입할 수 있는 교육 과정(1~2년)

상위 직업전문대, HBO

상위 직업전문대는 이른바 실무중심대학University of applied sciences이
다. 대개 상위 보통중고등학교 과정을 마치고 졸업시험에 합격한
학생들이 진학하는 곳이다. 또한 인문계중고등학교를 졸업한 학
생들 가운데에서도 20퍼센트 정도는 학문 연구가 아닌 전문 직종
에서 일하고자 학문연구중심대학이 아닌 상위 직업전문대로 진학
한다. 인문계중고등학교 졸업 자격증을 가지고 있으면 어느 학교
로든 진학이 가능하기 때문이다.

상위 직업전문대의 학생들은 특정 직업 또는 전문 분야에 취업
할 수 있도록 이론 교육은 물론 전문적인 실무 교육을 받게 된다.
즉, 지식의 실질적인 활용에 중점을 두고 인턴 과정을 통해 실무 능
력을 키우는 것이 이 교육 과정의 핵심이다.

네덜란드의 상위 직업전문대는 40여 개에 이른다. 상위 직업전
문대를 졸업하려면 1년간의 기초 과정과 3년간의 심화 과정을 거
쳐, 4년간 총 240학점을 이수해야 한다. 또한 3학년이 되면 9개월
동안 실무 분야의 인턴 과정을 의무적으로 마쳐야 하며, 4학년이
되면 졸업 논문을 제출해야 한다.

상위 직업전문대의 전공 분야는 크게 일곱 가지로 나뉜다. 교육
학, 농업, 기술 및 자연과학, 건강 및 요양, 경영, 사회문화통합, 예
술 등이다. 각 분야는 전문 분야로 또다시 세분된다. 경영 분야를

예로 들면 기업전문, 경영지원, 구매, 재정, 판매, 세일, 사무 등이 있다. 따라서 학생들은 본인의 관심도와 직업 전망을 고려해 전문 분야를 선택한 후 이론과 실무 경험을 쌓게 된다. 판사, 검사, 의사 등이 학문연구중심대학 출신이라면, 곁에서 그들을 보좌하는 법원 공무원, 법무사, 물리치료사, 의료행정, 의료기구 전문가 등의 제반 전문가들을 양성하는 곳이 바로 상위 직업전문대인 것이다. 대학의 교수는 학문연구중심대학을 졸업해 석·박사 학위를 받은 사람인 반면, 중·고등학교 교사는 상위 직업전문대에서 교육학 분야를 전공한 사람이다.

상위 직업전문대에는 대개 상위 보통중고등학교에서 기초 이론을 배운 학생들이 진학한다. 학문연구중심대학은 이론 학습과 연구에 치중하는 데 반해, 상위 직업전문대는 구체적인 이론과 함께 상세한 실무 교육을 익히며 실제적인 경험인 인턴 과정에 더 많은 비중을 둔다.

상위 직업전문대의 경우, 직장인들이 퇴근 후의 밤 시간을 이용해 공부할 수 있도록 '시간제 교육^{deeltijd opleiding}' 프로그램도 다양하게 마련해놓고 있다. 자신의 일을 해나가는 데 필요한 공부를 마음껏 할 수 있도록 하기 위함이다.

이 같은 상위 직업전문대는 대부분의 대도시에 하나 이상 설립되어 있으며 다루는 분야는 조금씩 차이가 난다. 가장 큰 상위 직업전문대의 학생 수는 4만 명이며, 모든 학교의 학생 수를 합치면

38만 명에 이르는데 이는 학문중심연구대학 학생 수의 두 배에 달한다.

상위 직업전문대에서 1학년 과정, 즉 60학점을 이수한 학생은 본인이 원할 경우 별도의 편입시험 없이 학문중심연구대학의 신입생으로 입학이 가능하다. 그리고 상위 직업전문대에서 4학년을 마치고 240점을 이수한 학생은 학사 학위를 받게 되는데, 표기를 달리해 학문중심연구대학의 학사 학위와 구분한다.

상위 직업전문대에서 배우다
: 공연장 매니저를 꿈꾸는 레온

큰아이 친구 중에 레온이라는 아이가 있다. 레온은 큰아이와 같은 밴드에서 활동하는 드럼 연주자이자, 위트레흐트Utrecht에 위치한 예술대학인 HKUHogeschool voor de Kunsten Utrecht의 학생이다. HKU는 상위 직업전문대 중 하나로 예술 분야의 직종을 전문적으로 교육하는 곳이다.

레온의 꿈은 음악 공연장에서 매니저로 일하는 것인데, 이 학교에서 예술경영Kunstmanagement 분야의 음악 매니지먼트를 공부하고 있다. 이 학교의 예술경영학과는 음악 외에 아트·미디어, 이벤트,

극장, 시각예술·디자인으로 세분화되어 있다. 학생들은 관심 있는 분야의 학과에 들어가 세부적이고도 전문적인 지식을 배우며 실무 경험을 익힐 수 있다.

레온의 밴드는 인기가 많아 다른 유명 그룹과 합동 콘서트를 여는가 하면 네덜란드 전 지역을 돌며 공연을 하고 있는데, 이는 레온에게 산지식이 되고 있다. 공연 시설은 저마다 특색이 있기 때문에 여러 지역의 다양한 공연장 무대에 서는 것 자체가 좋은 경험이다. 또한 현장에서 일하고 있는 무대 관계자들을 만나 궁금했던 점을 물어볼 수 있는 값진 기회이기도 하다. 이렇듯 레온은 학교에서 이론을 배우는 한편, 밴드 활동을 통해 공연장의 현실을 몸으로 익히고 있다.

이론과 실무 경험을 쌓으며 자신의 꿈을 향해 부지런히 달려가고 있는 레온을 보면 스물한 살 젊은이의 건강함이 느껴진다. 레온의 밴드 구성원은 총 네 명인데 학문연구중심대학에 다니는 필자의 큰아이를 빼고 모두 상위 직업전문대에 다닌다. 다들 공연기획자, 부동산 중개 매니저 등 저마다의 꿈을 이루기 위해 열심히 공부하면서 음악이라는 즐거운 취미를 즐기고 있다.

중·하위 직업전문대, MBO

중·하위 직업전문대는 말 그대로 중·하위층의 직업을 전문적으로 교육하는 곳이다. 중·하위 직업전문대의 학생들은 학교에서 이론을 공부하는 한편 일선 현장에서 철저하게 실무 교육을 익혀 졸업과 동시에 일터에서 활약하게 된다.

중·하위 직업전문대의 교육 과정은 크게 두 가지로 나뉜다. 하나는 BBL^{De Beroepsbegeleidende Leerweg}이라는 실무중심 과정이고, 다른 하나는 BOL^{De Beroepsopleidende Leerweg}이라는 실무와 이론 병행 과정이다. BBL 과정은 교육 시간의 60퍼센트 이상을 일선 현장에서 실무 교육을 받아야 하며, BOL은 이러한 실무 교육 시간을 20~60퍼센트 내에서 조정할 수 있어 실질적으로 실무보다 이론 교육에 치중되어 있다.

중·하위 직업전문대는 중·하위 직업의 전문가를 양성하는 교육기관이기 때문에 전공 분야가 매우 다양하다. 농업, 축산업, 수산업 분야를 비롯해 유치원 보조교사, 간호조무사, 요양 보호사, 조리사, 도소매업자, 호텔 주방장, 비서, 스포츠 시설 담당자, 전기 배선 전문가 등등……. 이처럼 수많은 직업에 종사하는 사람들을 양성하는 곳이 바로 중·하위 직업전문대다.

중·하위 직업전문대에는 중·하위 직업중고등학교를 졸업한 학생들이 주로 진학한다. 중·하위 직업중고등학교에서 4년간 이론과 실습 교육을 거친 학생들은 어떤 직업이 자신의 적성에 맞는지 고려해 중·하위 직업전문대에서 구체적인 분야를 선택하고 교육을 받게 된다. 중·하위 직업전문대에서 받게 되는 교육 과정은 학생이 중·하위 직업중고등학교에서 어떤 과정의 공부를 했는가에 따라 다르다. 즉, 학생의 학업 수준에 따라 4개의 등급으로 나눠 지도하는 것이다.

첫 번째는 1등급인 '보조직업교육^{Assitenten Opleiding}'이다. 이는 중·하위 직업중고등학교에서 가장 낮은 과정인 '특별지원교육^{Leerweg Ondersteunend Onderwijs: LWOO}'을 거친 학생들을 대상으로 도로포장, 청소, 유리 닦기 등 아주 단순하고 기초적인 일을 가르친다. 교육 기간은 보통 6개월에서 1년 정도다.

그다음은 2등급인 '기초직업교육^{Basisberoeps Opleiding}'이다. 중·하위 직업중고등학교에서 '기본직업교육^{Basis Beroepsgerichte Leerweg: BBL}'을 마친 학생들이 해당된다. 사무보조, 미장, 도배 등 단순노동이지만, 비교적 숙련도와 책임감을 요구하는 직업 교육을 실시한다. 교육 기간은 2~3년이다.

3등급은 '전문직업교육^{Vakopleiding}'으로 '기술직업교육^{Kader Beroepsgerichte Leerweg: KBL}'을 공부한 학생들을 대상으로 한다. 전기배선, 농축산물 중간관리, 동물 조련, 식물관리 기술, 비서, 스포츠 코치 등 기술과 지능이 다소 필요한 직업에 대해 가르치며 교육 기간은 2~4년이다.

마지막 4등급은 '전문지식·기술 교육Middenkader Opleiding'이다. 중·하위 직업중고등학교에서 '이론교육Theoretische Leerweg: TL'을 공부한 학생들이 배운다. 즉, 중·하위 직업중고등학교를 졸업한 학생들 중 가장 명석한 학생들은 건축, 전기 분야의 기술 전문가나 법, 행정, 경영 분야의 실무와 이론을 겸비한 인력이 되기 위한 교육을 받는 것이다. 이 등급의 교육 기간은 3~4년이다.

물론 학생이 더 높은 등급의 교육을 원할 경우에는 이동이 가능하다. 자신의 등급에서 열심히 노력해 자격증을 딴 후, 높은 등급으로 진학을 신청하면 된다. 또한 중·하위 직업전문대의 3, 4 등급 교육 과정을 마친 학생들이 졸업 후 '전문가특별교육Specialisten Opleiding: SO' 과정을 1~2년 공부해서 자격증을 따면, 상위 직업전문대로 편입해 학사 학위를 받을 수 있다.

네덜란드 국민 중 절반이 넘는 사람들이 중·하위 직업전문대를 통해 직업 전선에 뛰어든다. 중·하위 직업전문대는 각 분야의 기술자, 사회 전반에 필요한 일꾼을 길러내는 중요한 교육 기관이다.

현재 한국은 대학 졸업자는 넘쳐나는 데 비해 고위직의 일자리는 부족해 대졸자 실업률이 큰 사회 문제가 되고 있다. 반면 중·하위직 직업 전선에서는 이와 관련된 교육이 제대로 이루어지지 않고 있음은 물론, 인력난이 심각해 외국인 노동자가 들어와 그 자리를 채우는 기이한 현상이 벌어지고 있다. 일자리의 양극화 현상이 일어나고 있는 것이다. 네덜란드 사람들은 사회에는 머리를 써서 일하는 사람과 기술을 써서 일하는 사람이 골고루 필요하다고 말한다. 한국에도 네덜란드의 중·하위 직업전문대와 같은 교육 기관이 많아진다면 지금보다 더 건강한 사회가 되지 않을까.

중·하위 직업전문대에서 배우다
: 사업가를 꿈꾸는 빅토르

큰아이의 후배 중에 빅토르라는 아이가 있다. 이 아이는 지금 네덜란드의 중부 도시 즈볼러^{Zwolle}에 있는 델시온 칼리지^{Deltion College}라는 중·하위 직업전문대에 다니고 있다.

빅토르는 중·하위 직업중고등학교에서 이론교육 과정 중 사무직^{administratie}을 선택해 필요한 기초 공부를 했다. 또한 13세부터 16세까지 4년 동안 일반 사무실에서 보조로 일하면서 실무 경험도 쌓았다. 중·하위 직업전문대에 진학한 빅토르는 더 실제적이고 전문적인 공부를 하고 있다.

빅토르가 이곳에서 공부하는 분야는 청소년 회계경영^{Junior Accountmanager}으로 회계 경영 전문가가 되기 위한 전 단계다. 현재 1학년인 빅토르는 일주일 중 하루는 현장 실습을 나간다. 조그마한 가게의 사무실에서 일을 돕고 손님이 오면 물건을 팔기도 하는 것이다. 2학년이 되면 현장에 더 많이 나가 실무를 익히며 회계 관련 일을 배우게 될 것이다.

빅토르는 중·하위 직업전문대에서 4년간 회계와 경영에 관한 현장 실무를 공부한 후에, 상위 직업전문대로 편입해서 기업 경영에 관한 더욱 구체적이고 심도 깊은 공부를 할 계획이다. 빅토르의 꿈은 기업 경영인이자 기업을 든든히 세운 사회사업가로 성장해 훗날 기업 정치인이 되는 것이다.

빅토르의 아버지는 학문연구중심대학을 졸업한 후 전문직종에서 일하고 있는 엘리트이고, 어머니는 상위 직업전문대를 나와 일하고 있다. 그들인 아들 빅토르가 과거 중·하위 직업중고등학교를 다니는 것에 만족해했고, 현재 중·하위 직업전문대에 다니는 것도 기뻐하고 있다. 빅토르의 아버지는 빅토르가 어릴 때 "너도 아빠처럼 꼭 대학에 가야 한다"며 인문계중고등학교에 입학할 것을 강요하거나 억지로 공부를 시키지 않았다. 자신의 아들이 앉아서 공부하기를 좋아하는 성향이 아니었기 때문에 굳이 대학에 가서 힘들게 살 필요가 없다고 생각했다.

네덜란드에는 빅토르처럼 그 나름의 꿈을 키워가며 중·하위 직업전문대에 다니는 학생이 아주 많다. 이들 학생에게 왜 대학에 가지 않았냐고 질문하면 오히려 왜 꼭 대학에 가야 하느냐고 반문할 것이다.

취업? 자격증만 있으면 OK!

네덜란드의 학생들이 대학에 목숨을 걸지 않는 이유 중 하나는 중·하위 직업전문대를 졸업해도 취업이 잘되고 보통의 삶을 누릴 수 있기 때문이다.

네덜란드는 자격증의 사회다. 학문연구중심대학에 입학하려면 인문계중고등학교의 졸업 자격증이 있어야 한다. 마찬가지로 어떤 과정이든 그 과정을 수료하고 자격증을 받으면 그것으로 취업을 하거나 상위 학교로 진학이 가능하다. 상위 직업전문대와 중·하위 직업전문대는 현장에서의 실무 교육을 많이 한다. 따라서 인턴으로 일하던 일터에서 능력을 인정받아 졸업과 동시에 스카우트되는 경우가 상당히 많다. 즉, 직업전문대 졸업자들은 취업률이 아주 높다.

네덜란드에서 알게 된 사람 가운데 중·하위 직업전문대를 나와 현재 간호조무사로 양로원 등에서 노인들을 돌보는 일을 하는 레오니라는 친구가 있다. 그녀는 결혼 전까지 병원과 양로원 등에서 풀타임으로 근무하다 현재는 네 명의 아이를 돌보느라 일주일에 사흘 정도만 파트타임으로 일하고 있다. 공무원인 그녀의 남편은 업무 시간을 조정해 아이의 양육을 분담하고 있다. 레오니 가족은 정원이 딸린 단독 주택에서 남부럽지 않은 삶을 살고 있다.

그런가 하면 우리 옆집 아저씨는 소방관이었고 그의 아내는 옷

가게 점원으로 둘 다 중·하위 직업전문대 출신이었다. 그들은 3층 짜리 집을 소유하고 있었고 각자 차도 가지고 있었다. 소방관인 남편은 근무 시간이 불규칙적이었고 아내는 집과 일터의 거리가 제법 멀었기 때문이다.

이렇듯 네덜란드에서는 중·하위 직업전문대를 나왔다고 해서 살아가는 데 어려움이 있거나 생활이 궁핍하지 않다. 물론 학문연구중심대학을 나온 사람들이나 상위 직업전문대를 나와 상위 전문직에서 일하는 사람들에 비하면 월급이 다소 낮은 것은 사실이다. 그러나 네덜란드는 수입에 따라 세금을 내는 격차가 크기 때문에 실질적인 생활에서는 큰 차이가 나지 않는다.

네덜란드에는 유명한 말이 있다. "시장도 3층짜리 주택에서 살고 청소부 역시 3층짜리 주택에서 산다." 네덜란드의 주택은 기본적으로 3층 구조로 되어 있다. 1층은 거실과 부엌, 2층은 침실, 3층은 다용도실로 주로 쓴다. 네덜란드 사람들은 대부분 이런 3층 주택에 산다. 정원의 크기나 단독주택과 연립주택의 차이가 있을 뿐이다. 우리처럼 소득이 전혀 없던 유학생 부부도 3층짜리 주택에 살고 있었는데, 이는 국가에서 집세를 지원해주었기 때문이다.

네덜란드 부모들은 자녀가 직업 교육만 받아도 이처럼 평탄하게 살 수 있다는 것을 잘 알고 있기 때문에 자녀들을 억지로 공부시키지 않는다. 자녀가 자신의 역량에 맞으며 좋아하는 직업을 찾는 것을 바랄 뿐이다.

'경계' 없는 교육, 자연스러운 편입

둘째 아이의 친구 중에 중·하위 직업전문대에 다니는 솔라노라는 아이가 있다. 솔라노는 초등학교 졸업시험인 시토 점수가 비교적 높게 나와 대학 입시를 목표로 하는 인문계중고등학교로 진학했었다. 그런데 2학년 때부터 성적이 떨어지기 시작해 3학년 때는 한 단계 낮은 등급인 상위 보통중고등학교로 전학을 가게 되었다. 그러나 그곳에서도 끝내 수업 내용을 따라가지 못하고 또다시 한 단계 낮은 등급의 학교인 중·하위 직업중고등학교로 옮기고 말았다. 결국 솔라노는 그곳을 졸업한 후 중·하위 직업전문대로 진학했는데, 지금의 공부가 자신의 적성에 더 맞는다며 즐거워하고 있다.

이처럼 네덜란드에서는 어린 시절 공부를 잘했던 학생이라 해도 현재 학교의 학업 수준을 따라가지 못하면 유급·낙제를 시켜 같은 학년을 다시 다니거나 더 낮은 등급의 학교로 옮기는 것이 자연스러운 일이다. 반대로 과거에 공부를 잘하지 못했던 학생이라 해도 본인이 노력하면 얼마든지 상위 학교로 진학할 수 있다.

중·하위 직업중고등학교에 다니는 학생이 한 학기 과목 평균 점수가 8점이 넘고, 본인이 상위 보통중고등학교로 옮기길 원한다면 편입이 가능하다. 다만 한 학년을 낮춰 편입하게 된다. 상위 학교의 교과 과정이 더 어렵기 때문이다. 반면 인문계중고등학교 학생이 상위 보통중고등학교로 옮길 경우에는 같은 학년으로 편입하게 된다.

그런가 하면 상위 보통중고등학교를 졸업했지만 상위 직업전문대가 아닌 학문연구중심대학으로 진학하고자 하는 학생은, 인문계고등학교 6학년으로 편입해 1년 더 공부한 후 학문연구중심대학으로 진학할 수 있다. 마찬가지로 중·하위 직업중고등학교 학생이 상위 직업전문대에 가고자 한다면, 졸업 후 상위 직업중고등학교 5학년으로 편입해 1년 더 공부하면 된다. 이처럼 네덜란드에는 편입시험이 존재하지 않는다. 졸업시험만 통과하면 상위 학교로의 편입이 자유롭다.

이와 같은 편입 제도는 대학 과정에서도 마찬가지다. 중·하위 직업전문대에 진학했다 하더라도 졸업장을 따고 전문가특별교육을 받으면 상위 직업전문대로 진학할 수 있다. 다만 중·하위 직업전문대는 2년제부터 4년제까지 있으므로 그에 따라 편입하게 될 학년이 다르다. 또한 상위 직업전문대에서도 학문연구중심대학으로 이동할 수 있다. 1학년 과정의 60학점을 이수하면 편입시험 없이 자신이 원하는 학문연구중심대학에 지원할 수 있다. 합격 여부는 학과 교수들이 판단한다.

또한 네덜란드의 대학생들은 대학 졸업장을 따기 위해 적성에 맞지 않는 공부를 억지로 하지 않는다. 한국의 경우, 다니던 대학을 중퇴하면 다시 수능시험을 봐야 다른 대학 입학이 가능하다. 그러나 네덜란드는 중·고등학교 졸업장만 있으면 30세 미만까지는 누구나 자신이 원하는 대학, 학과에 들어가 공부할 수 있다. 사회에 진출한 직장인도 필요한 분야의 공부를 언제든 다시 할 수 있는 것이다.

이처럼 네덜란드의 교육 과정은 유동적인 학제와 편입 제도로 누구에게나 균등한 교육의 기회를 제공한다. 어떤 공부를 해왔든 간에 그 과정에서 배운 것이 무효가 되지 않고 앞으로의 공부의 밑바탕으로 인정되기 때문에, 의지와 노력만 있으면 자신의 인생을 새롭게 개척해나갈 수 있다.

네덜란드 엿보기 5

동성애자도
당당히 산다

네덜란드는 동성애를 법적으로 인정한 세계 최초의 국가다. 지난 2001년, 네덜란드는 동성 간의 결혼을 합법적으로 허용하고 동성애를 인정하기 시작했다. 보수적인 일부 기독교인을 제외하면 네덜란드인들은 동성애·동성애자를 대개 받아들이는 편이다. 개인의 자유를 중시하고 타인의 일에 관여하거나 잣대를 들이대지 않는 사회적 분위기가 형성되어 있기에 가능한 일일 것이다.

『Welkom in Nederland』라는 외국인을 위한 네덜란드 소개 책을 보면, 현재 네덜란드의 동성애자는 전체 인구 중 5~10퍼센트에 이른다고 한다. 이 책에는 동성애가 타고나는 것이라고 언급되어 있다. 아울러 네덜란드에 살고 있는 게이, 레즈비언도 소개하고 있다. 커밍아웃 후 목사가 되어 동성과 결혼한 남성, 시청과 교회 두 곳에서 공개 결혼식을 올린 레즈비언 커플이다. 성경에 동성애를 금지한다는 내용이 있지만 더욱 중요한 것은 사랑이라는 것과 성경이 지금과 아주 다른 시대, 가령 한 남자가 여러 여자를 아내로 두고 살았던 때 쓰였다는 것을 들며 이해를 돕고 있다.

네덜란드는 기독교 국가이자 지금까지도 왕이 존재하는 입헌군주국이다. 그러니 동성애를 인정하는 그들의 태도가 어떤 면에서는 쉽게 이해되지 않기도 한다. 제

아무리 자유 민주주의 국가라 해도 동성 결혼을 법적으로 허용하는 국가는 많지 않기 때문이다.

2011년 3월, 네덜란드 암스테르담에서는 시장이 참여한 가운데 대대적인 동성애자 결혼식이 거행되었다. 동성애 합법화 10주년을 기념하는 행사였다. 합법화 이후 지난 10년간 결혼한 동성애자 커플은 1만 5,000여 쌍에 이른다고 한다.

네덜란드 엿보기 6

자신보다
집을 더 꾸미는
사람들

한국 사람들은 외모를 중시하는 편이다. 외출할 때 늘 옷차림과 머리 스타일 등을 깔끔하고 멋지게 정리하려고 애쓴다. 그에 비해 집을 꾸미는 데에는 시간을 별로 할애하지 않는다. 청소를 하거나 화초를 키우는 정도도.

네덜란드 사람들은 자신들이 사는 집을 가꾸는 데 대단히 열정적이다. 그런 반면 옷차림에는 별로 신경을 쓰지 않는다. 유행을 따르지도, 특정 브랜드나 명품에 열광하지도 않는다. 이 때문에 네덜란드에서는 차림새나 겉모습으로는 사람을 판단할 수가 없다.

필자는 네덜란드에서 임마누엘 오라토리오라는 합창단 활동을 했었다. 그때 같이 활동했던 네덜란드인 친구의 초대로 그녀의 집에 간 적이 있었는데, 상상 밖의 살림집 풍경에 크게 놀랐다. 항상 청바지에 점퍼 차림이어서 평범한 중산층 가정의 주부인 줄 알았는데, 대궐 같은 큰 집에 파이프 오르간까지 둘 만큼 부자였다. 합창단 단원 중 농사를 짓는 남자의 집을 방문했을 때도 마찬가지였다. 합창 연습을 하러 오는 그의 옷차림은 늘 허술했다. 밭일을 많이 해서 손톱 끝이 시커멓고, 주름이 깊게 팬 얼굴에는 오랜 시간 노동에 시달린 흔적이 역력했다. 그러나 그의 집은 정말 멋졌다. 마치 한국 드라마에 나오는 어느 재벌 회장의 집처럼 화려했다.

드넓은 초원에 멋지게 설계된 집의 내부는 그림과 가구로 품위 있게 장식되어 있었다. 그 근처 대다수 농가의 외관 역시 그의 집처럼 훌륭했다.

네덜란드는 평범한 집에도 건물 앞뒤로 정원이 있다. 집주인들은 이웃 집과 경쟁하듯 이 정원들을 가꾼다. 거실과 아이들 방도 저마다의 개성을 살려 아기자기하게 꾸며놓는다. 그런 까닭에 네덜란드 사람들은 동네에 외국인 가족이나 유학생이 이사 오는 것을 달가워하지 않는다. 외국인은 대개 정원을 가꾸지 않는 경향이 있어 동네의 아름다운 분위기를 헤친다는 것이다.

이렇듯 네덜란드 사람들은 비싼 옷을 입고 고급 요리를 먹는 것에는 별 관심이 없고, 집을 가꾸는 데 상당한 공을 들인다. 이들에게 집은 가족과 많은 시간을 보내는 안식처로서의 의미가 크기 때문이다. 사람을 겉모습으로 판단하거나 체면을 중시하는 풍조가 없는 것도 이런 분위기에 일조하는 것 같다.

2부
학교 교육이 최고다

04
초등학교
학교는 즐거운 곳

만 네 살이 되면 초등학교에 가는 아이들

네덜란드의 부모들은 자녀가 만 네 살이 되기를 손꼽아 기다린다. 네 살이 되면 초등학교에 들어가기 때문이다. 네덜란드의 초등학교에는 유치원 과정이 포함되어 있다. 유아 교육 2년, 초등 교육 6년을 합쳐 총 8년간 초등학교를 다니는 것이다. 이는 한국의 초등학교에 병설유치원이 있는 것과 유사하지만, 유아 교육이 초등 교육과 분리되지 않고 연결된다는 점이 다르다. 다시 말해 네덜란드에서는 유아 교육도 공교육에 포함된다. 한국에서처럼 유치원 교육비가 따로 들지 않는다는 이야기다.

한국의 경우 유치원도 사교육에 속해, 그 비용은 고스란히 부모의 부담이 되고 있다. 한국의 유치원에서는 매달 30만 원부터 많게는 100만 원가량 원비를 받는 데다 교육 내용, 교사 현황, 시설 또한 유치원에 따라 차이가 난다. 일부 사립 유치원의 경우 원비가 100만 원을 웃도는 데도, 매년 연초면 그곳에 자녀를 보내기 위해 가족들이 유치원 앞에 텐트를 치고 원서를 내는 진풍경이 벌어지기도 한다. 그런가 하면 형편이 좋지 않아 열악한 환경의 유치원에 아이를 맡겨놓고 가슴 아파하는 부모들도 있다. 이에 비해 네덜란드의 유아 교육은 각 초등학교에서 무상으로 행해지고 있으며, 국가에서 교원 자격증을 획득한 교사들이 가르친다.

참고로 네덜란드의 초등학교에는 입학식이 없다. 만 네 살 생일이 지나면 학교에 개별적으로 입학을 하기 때문이다. 어느 학교로 진학을 할지는 부모가 정한다.

유아 교육 과정은 초등학교 Groep 1, 2에 해당하는데, 이때 아이들은 교실에 빙 둘러앉아 친구들을 사귀고 교사의 말에 주의를 기울이는 법을 배운다. 네 살 무렵의 아이들은 자기중심적인 사고가 강하기 때문에 친구들의 말을 귀담아 듣고, 자신의 의사를 친구들 앞에서 말하는 것을 익히는 게 중요하다. 아이들이 동그랗게 원을 그려 마주 보며 앉게 하는 것도 다른 사람의 말에 자연스레 주의를 기울일 수 있도록 하기 위해서다. 아이들이 앉는 의자에는 이

름표가 붙어 있는데 새로운 한 주가 시작되면 항상 자리가 바뀐다. 새로운 친구를 사귈 수 있도록 하는 것이다.

교사들은 한 달에 한 번 아이들에게 집에 있는 장난감을 가지고 오게 한다. 자신의 장난감을 친구들과 공유하는 법을 배우게 하는 것이다. 이로써 자신의 것에 집착하기 쉬운 아이들에게 나누는 법을 가르치는 것은 물론, 탐나는 물건이라 해도 자신의 것이 아니면 원래 주인에게 돌려주어야 한다는 점을 익히게 할 수 있다.

이처럼 네덜란드의 유아 교육은 아이들이 놀이를 통해 양보와 협동, 나눔을 배우게 하는 데 초점이 맞춰져 있다. 글자나 숫자 공부는 시키지 않는다. 교사는 아이들의 행동을 유심히 관찰해 리포트를 작성하는데, 친구들과 잘 어울리지 못하거나 학교생활에 잘 적응하지 못하는 아이는 다음 학년인 Groep 2로 진급시키지 않고 다시 Groep 1을 다니게 한다. 여기서 중요한 것은 또래 친구들과의 관계, 교사와의 친화력이 유급의 기준이 된다는 점이다. 네 살짜리 어린아이에게까지 유급을 적용하는 것은 유아 교육을 학교생활의 첫 장이자, 사회생활에 첫발을 내딛는 과정이라 보고 그 기초를 확실히 다잡아주기 위해서다.

또한 네덜란드 초등학교의 유아 교육은 아이들이 학교에 대해서서히 적응할 수 있도록 돕는 역할도 한다. 그래서 Groep 1, 2의 아이들은 일주일에 두 번 오후까지 수업을 듣고, 나머지 요일에는 오전 수업만 한다. Groep 3에 올라가 초등 교육을 받게 되면서 비로소 본격적인 공부를 하게 되고, 수요일을 제외한 모든 요일은 오후까지 수업을 한다.

책가방이 없다

네덜란드에서 초등학교를 다닌 필자의 세 아이들은 책가방이라는 것이 없었다. 아이들이 들고 다닌 것은 오로지 간식 가방뿐이었다. 이 때문에 엄마인 필자는 학교에 가는 아이들에게 먹을 것과 마실 것만 챙겨주면 아침에 해야 할 일이 끝났다. 네덜란드로 가기 전 한국에서 큰아이를 학교에 보낼 때는 시간표를 보고 책과 공책, 준비물 등을 챙겨줘야 해서 출근 준비와 더불어 정신없는 아침을 보냈었다. 때론 준비물을 미리 사두지 않아 문구점으로 달려가기도 했다. 네덜란드에서는 이런 부담이 전혀 없었다.

네덜란드 유학 생활 초기, 우리 부부는 현지 생활을 꾸리느라 아이들 교육에 신경 쓸 여력이 없었다. 반년쯤 지나고 나니 아이들이 학교에서 도대체 무얼 배우는지 궁금하기도 하고 조금씩 불안해지기 시작했다. 아이들이 책을 가지고 다니지도 않고, 집에 와서는 만날 놀기만 하는 것 같았기 때문이다.

아이들을 붙잡고 학교에서 무슨 공부를 하는지 물어보니 국어,

수학, 역사, 과학 등 여러 과목을 배우는데 그중 네덜란드 역사가 이해하기 어렵다고 했다. 그래서 학교에 찾아가 담임교사에게 아이가 외국인인지라 언어적 한계 때문에 역사 공부에 어려움을 겪고 있다고 토로했다. 담임교사는 교과서를 집에 가져갈 수는 없고, 앞으로 배울 부분 중 일부를 복사해 줄 테니 미리 아이가 읽어볼 수 있도록 도우라고 했다. 그런데 그렇게 복사물을 가져온 것은 한 번뿐이었다. 얼마 후 다시 복사물을 받아오라고 하니 아이들은 선생님이 주지 않는다며 빈손으로 돌아왔다. 다시 학교로 찾아가 "왜 복사물을 주지 않느냐"고 따져 물었다. 교사는 "아이가 이제 진도를 잘 따라가고 있으니 복사물을 집에 가지고 가는 일은 불필요하다"라고 대답했다. 그러면서 "집에서는 아이가 보고 싶은 책을 읽게 하고, 놀고 싶으면 놀 수 있게 하라"고 덧붙였다. 교과서 공부는 학교에서 하는 것으로 충분하다는 것이었다.

숙제 걱정 없는 아이들은 집에 돌아와 놀기 바빴다. 그러나 부모로서는 아이들이 제대로 공부를 하고 있는지 궁금할 수밖에 없었다. 아이들 교육을 전적으로 학교에 의지하는 상황에서 이는 당연한 마음이었다. 필자의 이러한 궁금증은 얼마 안 가 해결되었다. '학부모를 위한 정보Information의 밤'이 열린 것이다.

이 행사는 아이들이 모두 집으로 돌아간 밤, 환하게 불이 켜진 학교 교실에 학부모들이 하나둘 모여들어 자녀의 자리를 찾아 앉는 것으로 시작된다. 교실에는 학생들이 한 해 동안 배울 교과서가 가지런히 정리되어 있어 학부모들이 찬찬히 살펴볼 수 있다. 교사들은 아이들이 배울 과목을 소개하며 교과서를 펼쳐 들고 교과 과정에 대해 상세하게 설명한다. 학부모들은 교사의 설명을 듣다가 의문이 들거나 잘 이해되지 않는 점은 손을 들고 질문을 한다.

필자는 학부모들이 교사에게 아이들이 배울 교과 과정에 대해 당당히 묻고 토론하는 모습에 놀랐다. 한국의 학부모들은 교과 내용은 교사의 영역이라고 생각해 군이 모든 내용을 알려고 들지 않는다. 하지만 네덜란드의 학부모들은 자녀가 학교에서 무엇을 배우는지 당연히 알아야 한다고 생각하며, 교사 역시 수업 방식에 대해 학부모에게 미리 알려주는 것은 필요한 일이라고 여긴다. 이처럼 교사와 학부모 모두가 아이들의 교육에 대해 자유롭게 이야기하는 현장을 보고 필자는 적지 않은 충격과 감동을 받았다. 네덜란드로 유학을 가기 전 한국에서 방송국 교육담당 부서의 기자로 일했던 필자는 교사와 학부모의 입장이 어떻게 다른지 잘 알고 있었기에 더더욱 그랬다.

네덜란드의 초등학교는 매년 새 학기가 되면 학년별로 날을 정해 학부모를 위한 정보의 밤 행사를 연다. 이 행사는 반드시 밤에 하는데 그 이유는 일하는 학부모들도 부담 없이 참석할 수 있도록 하기 위함이다. 학부모를 위한 정보의 밤에 다녀온 뒤 필자는 더 이상 아이들이 책가방을 들고 다니지 않는 것에 불안해하거나 아이들이 무엇을 배우는지 궁금해하지 않았다.

교사와의 10분 면담

아이들이 학교에서 어떤 과목을 어떻게 수업 받는지 학부모를 위한 정보의 밤을 통해 알게 되자 그다음을 생각해보지 않을 수 없었다. 바로 아이들이 수업을 잘 따라가고 있는지, 과제를 얼마나 잘 해내고 있는지에 대한 문제였다. 네덜란드에는 이를 위한 '교사와의 10분 면담'이 있다. 이 면담 역시 밤에 열린다.

필자가 아이들의 담임교사와 처음 면담을 했을 때는 오후 8시가 넘은 시각이었다. 교사들이 따뜻한 차를 준비해놓고 학부모들을 일일이 대접하는 모습이 참 인상적이었는데, 각 교실 앞에는 먼저 온 학부모들이 차를 마시며 차례를 기다리고 있었다. 우리 부부를 맞이한 큰아이의 담임교사는 유학 생활을 시작한 우리 가족의 근황을 물으며 대화를 시작했다. 그리고 큰아이의 성적표를 보여주며 아이의 학업 능력은 물론 전반적인 학교생활에 대해 평가하고 설명했다. 대다수 과목의 성적이 우수한 편인데 네덜란드 지리를 이해하는 데는 어려움을 겪는다는 것과, 머리가 좋은 데 반해 사소한 것들을 곧잘 까먹어 부모가 잘 챙겨주어야 한다는 등의 내용이었다. 둘째 아이 담임교사와의 면담 과정도 이와 비슷했다.

그 자리에서는 아이들의 성적표를 자세히 확인할 수 있었을 뿐만 아니라 그간 집으로 가지고 오지 않았던 공책이며 연습장들도 살펴볼 수 있었다. 그것들을 보니 아이들이 학교에서 어떻게 공부를 했고, 무엇을 배웠는지 한눈에 알 수 있었다.

이처럼 교사와의 10분 면담은 학부모로서는 자녀의 성적, 학업 태도, 교우 관계 등을 확인할 수 있는 시간이자, 교사로서는 평소 학생을 가르치면서 학부모에게 당부하고 싶었던 점을 전할 수 있는 좋은 기회이다.

면담을 할 때 본 네덜란드 학부모들은 당당한 데다 교사에게 농담도 건넬 정도로 여유가 넘쳤다. 자녀가 말썽꾸러기라거나 성적이 낮다고 해도 기죽지 않았다. 네덜란드에 간 지 얼마 되지 않은 필자로서는 낯선 모습이었다. 당시 필자는 네덜란드어를 잘하지 못하는 데다 아이를 맡겼다는 죄송한 마음에 다소 주눅이 들어 있었다. 물론 나중에는 농담을 하거나 한국의 교육 현실에 관해 이야기를 나눌 정도로 그곳의 친근한 교육 문화에 익숙해졌다.

네덜란드의 학부모들은 자녀의 성적에 집착하기보다는 자녀가 학교에서 얼마나 잘 적응하고 있는지에 대해 관심을 가진다. 이는 교사 또한 마찬가지로 학생이 공부를 잘하지 못하는 것은 크게 문제 삼지 않는다. 그보다는 학생의 수업 태도나 친구들과의 관계를 중점적으로 살피며, 문제점이 있는 아이는 부모의 배려와 관심을 당부한다.

교사와의 10분 면담은 1년 동안 2~4회 정도 실시되며 아이가 성적표를 받아오기 일주일 전쯤에 열린다. 따라서 학부모들은 아이들이 성적표를 가지오기 전에 이미 각 과목의 점수는 물론, 아이들이 학교에서 어떻게 생활하고 있는지 미리 파악하고 있다. 그래서 아이를 세워놓고 이것저것 물으며 혼내기보다는 칭찬해주고 격려해준다. 네덜란드에서 아이들이 성적표를 받는 날은 용돈을 받는 날이기도 하다. 이러한 10분 면담은 중·고등학교에서도 이어진다.

필자는 네덜란드에서 한국의 교육 환경을 돌아볼 수밖에 없었다. 한국에서 교사와 학부모가 매년 정기적으로 자녀의 학교생활이나 성적표를 놓고 진지하게 대화를 나누는 것을 본 적이 있었나? 자신의 자식이 공부를 잘하는 모범생이어야 어깨를 펴고 교사를 만날 수 있는 나라를 과연 교육 강국이라 할 수 있는 건가?

칭찬 교육법, '아주 잘했어'

교사와의 10분 면담이 있고 한 일주일이 지났을 때였다. "엄마 오늘 나 라포트^{rapport, 성적표} 받았다" 하고 두 아이들이 뛰어 들어와 자랑스러운 표정으로 성적표를 보였다. 두 아이들 모두 수학만 9점이 넘었을 뿐 국어나 지리, 음악 등 다른 과목은 대부분 8점, 그리고 역사는 7점대였다. 교사와의 면담을 통해 이미 모든 점수를 알고 있었지만, 또다시 점수가 낮은 과목이 신경 쓰여 필자도 모르게 역사 점수가 그것밖에 안 되냐며 잔소리를 하고 말았다. 한국에서의 상황을 생각해보면 7, 8점은 높은 점수라는 생각이 들지 않았던 것이다.

의기양양해 있던 필자의 두 아들은 금세 볼멘소리를 하더니 급기야 서운한 마음을 감추지 못했다. "엄마, 8점 이상 받기가 쉬운 줄 알아. 내가 우리 반에서 아주 잘한 편인데. 우리 반 애들은 6점만 받아도 엄마가 잘했다고 칭찬해주고 할머니, 할아버지까지 찾아와 용돈 주고 그런다는데……. 우리 집은 왜 그래." 아이들은 필자가 성적표를 보고 많이 기뻐할 거라고 생각했던 것이다. 사실 대다수의 네덜란드 부모들은 아이가 6점을 받아오면 입이 마르도록 칭찬을 해준다. 네덜란드 학교에서는 6점 미만이 낙제이기 때문이다.

한번은 초등학교에 다니는 자녀가 있는 네덜란드인의 가정을 방문했는데, 마침 그날이 아이가 성적표를 받아온 날이었다. 아이가 부모에게 성적표를 보여주며 자랑을 하기에 필자는 속으로 성적이 아주 높은가보다 했다. 그런데 대부분이 6점이었고 7.5점을 받은 과목이 하나 있었다. 필자가 보기에는 보통 이하였는데 그 집 부모들은 너무 잘했다며 아이를 칭찬하기에 바빴다.

그런 일을 축구장에서도 겪었다. 필자의 아이들이 축구 시합을 한다기에 구경을 갔는데 공을 전혀 치지 못하는 아이가 있어, 남편에게 "저런 애에게 왜 축구를 시키는지 모르겠다"며 중얼거린 적이 있다. 그런데 시합이 끝난 후 그 아이의 어머니가 하는 행동을 보고 크게 놀랐다. 그녀는 자신의 아이에게 "잘했다. 오늘 정말 최고다"라며 연신 칭찬을 하고 있었다.

이처럼 부모가 자녀를 칭찬하고 격려하는 모습은 네덜란드에서 흔히 볼 수 있는 풍경이다. 그리고 그런 문화는 필자를 많이 바꾸어놓았다. 필자도 네덜란드의 부모들처럼 아이들을 칭찬하고 많이 안아주려고 노력했다. 그러자 아이들도 자신감에 차오른 얼굴로 필자에게 "엄마가 최고야"라며 뽀뽀를 해주기 시작했다.

교육학자들은 부모의 격려와 칭찬을 받고 자란 아이들은 매사에 자신감을 갖는 반면, 책망과 꾸지람을 자주 받고 자란 아이들은 소극적일 수밖에 없다고 강조한다. 필자는 네덜란드의 부모들을 보며 칭찬과 격려도 노력해야 자연스럽게 할 수 있다는 것을 배웠다. 격려와 칭찬이 돈 들이지 않고 행할 수 있는 가장 좋은 교육 방법임을 뒤늦게 깨달은 셈이다.

글자 공부는 초등학교 1학년 때부터

네덜란드 아이들은 만 여섯 살인 Groep 3이 되어서야 비로소 글자를 배우기 시작한다. 이는 한국의 일곱 살이나 그 또래 아이들,

즉 초등학교 1학년에 해당한다. 한국의 아이들은 네다섯 살에 이미 유치원에서 한글을 깨치는 경우가 많지만, 네덜란드에서는 그 또래의 아이들에게 글자를 전혀 가르치지 않는다. 네덜란드의 아이들은 만 여섯 살이 되어서야 알파벳을 익히며 더듬더듬 책을 읽기 시작한다.

아이들은 알고 있던 단어들을 직접 써보고 제대로 발음해보는 것에 신기해하며 글자를 배우는 데 흥미를 가진다. Groep 3 과정에서 배우는 단어들은 Groep 1, 2에서 써보지만 않았을 뿐 책을 통해 보고 사물을 통해 익힌 것들이기 때문이다.

그렇다면 왜 네덜란드에서는 어린아이들에게 글자 공부를 시키지 않는 것일까? 그 이유를 네덜란드의 초등학교 교사에게 물어본 적이 있다. 그녀는 "유아기에 글자를 배우면 아이가 책을 읽거나 사물을 볼 때 글자 그대로 받아들이기 때문에 그 시기에 풍부하게 발달하는 상상력이나 창의력이 떨어지게 된다"고 설명했다. 또한 "Groep 3에 들어가면 본격적으로 글자를 배우게 되는데 미리 글자 공부를 시킬 필요가 있느냐"고 덧붙였다.

이와 같은 이유 때문에 네덜란드의 부모들은 자녀가 글자를 빨리 익히지 못하더라도 서두르거나 조급해하지 않는다. 그 대신 아이가 글자에 흥미를 가질 수 있도록 책을 많이 읽어주려고 애쓰고, 도서관에 자주 데리고 다니며 글자를 알면 혼자 읽을 수 있는 책이 얼마나 많은지 깨닫게 해준다. 특히 부모들은 아이들이 서너 살이 될 때부터 잠자리에서 항상 책을 읽어줌으로써 자연스럽게 책 읽는 습관을 갖게 하려고 노력한다. 어릴 때부터 책과 가까이 지낸 네덜란드의 아이들은 글자를 배우기 시작하면서 어린 시절 잠자리에서 들었던 단어를 기억해내고 호기심을 느끼게 된다. 유아기에 글자를 배우느라 진을 빼지 않았기 때문에 오히려 더 즐겁고 진지하게 글자 공부에 몰입하는 것이다.

이는 필자의 아이들도 마찬가지였다. 필자는 아이들에게 네덜란드 글자를 미리 가르치지 않았다. 큰아이의 경우 네덜란드에 갔을 때가 일곱 살이었기 때문에, 그곳에서 유아 교육을 거치지 않고 바로 글자를 배우기 시작하는 데에 다소 어려움이 있었던 것이 사실이다. 아이의 담임교사는 아이가 그곳에 온 지 얼마 되지 않은 외국인이라는 점을 고려해, 수업이 끝난 후 그림표를 가져와 아이에게 따로 공부를 시켜주었다. 그 덕분에 큰아이는 빠른 시간 안에 글자를 익힐 수 있었다.

글자를 배우기 시작한 네덜란드의 아이들은 단어와 글에 관심을 갖게 되면서 더 많은 책을 읽고 싶어 한다. 이에 부모들은 아이와 함께 도서관에 가 책을 직접 고르게 하고, 아이가 아는 단어와 쓸 수 있는 글자가 얼마나 있는지 확인시켜주며 재미를 느끼도록 유도한다. 필자의 큰아이 역시 책에서 아는 글자가 나오면 무척이나 신기해하고 좋아했다. 그때 큰아이의 손을 잡고 도서관 문이 닳도록 얼마나 드나들었는지 모른다.

한국에 돌아온 후 필자는 유치원에 다니는 서너 살짜리 아이들이 한글을 배운다고 힘들어하는 모습이나, 이제 막 걷기 시작한 자신의 아이가 글자를 읽고 쓸 줄 안다고 자랑하는 부모들, 자신의 자녀가 다른 집 아이들보다 글자를 배우는 속도가 느리다고 걱정하는 부모들의 모습을 자주 보고 있다. 섣부른 조기 교육이 오히려 아이의 상상의 나래를 꺾고 있는 것은 아닌지 걱정스럽고 안타까운 마음이 든다.

공부 잘하는 아이는 월반과 과목별 이동교육을

필자의 큰아이가 초등학교 3학년(Groep 5)일 때 일이다. 교사와의 10분 면담 시간에 교사가 필자에게 말하길, 아이가 전 과목에서 우수한 성적을 받고 있어 아이와 부모 모두 원한다면 다음 학년으로 올라갈 때 월반을 해도 좋다고 했다. 그러면서 교우 관계는 학업 못지않게 중요한 것이고, 학년을 건너뛰면 그 학년에서 배울 수 있는 것을 배울 수 없다는 뜻이기 때문에 어려움이 많을 테니 잘 생각해보고 결정해야 한다고 덧붙였다.

우리 부부는 큰아이가 타국에서 학교를 다니면서도 또래에게 뒤처지지 않고 공부를 잘한다는 사실에 기쁘고 대견했다. 네덜란드어를 전혀 하지 못하던 아이가 3년 만에 훌륭히 현지 적응을 해내리라고는 기대하지 않았기 때문이다.

필자는 아이가 나중에 한국으로 돌아가게 될 것을 생각해 한 학년을 건너뛰기로 결정했다. 다행히 4, 5학년 아이들이 함께 공부하는 혼합반이 있어서 교우 관계는 크게 걱정하지 않아도 되었다. 그런데 아이의 1학기 성적표를 받아본 후 필자는 월반을 시킨 것을 후회했다. 4학년 과정을 배우지 않고 5학년 과정을 공부하려니 흐름이 끊겨 아이는 수업을 따라가는 데 어려움을 느꼈고, 성적 역시 좋지 못했다. 그제야 필자는 네덜란드의 학부모들이 월반을 권유 받아도 대개 하지 않는 이유를 알게 되었다.

네덜란드의 초등학생은 학업성취도에 따라 월반이 가능하지만 대개 월반보다는 과목에 따라 단계별·수준별 수업을 한다. 국어의 경우 교과서 내용이 A부터 F까지 등급이 있는데, 교사가 학생의 학업 능력을 검토해 학생의 등급에 맞는 교과서를 보게끔 한다. 또한 F 등급까지 진도를 마친 학생은 한 학년 위의 국어 수업에 참여하도록 한다. 이 같은 방식은 수학도 마찬가지다. 수업 태도와 쪽지 시험의 결과를 토대로 수리 능력이 뛰어나다고 판단되는 학생은 그 수준에 맞는 수업을 받게 한다.

그런가 하면 학업 능력이 뒤처지는 학생은 교사가 따로 수업을 보충해주거나, 공부를 잘하는 아이가 옆에서 도와주게끔 한다. 이러한 수업 방식은 저학년 때부터 자연스럽게 이루어지기 때문에 공부를 못한다고 해서 창피함을 느끼지 않는다. 이해 과목의 성적이 부진해 친구들의 도움을 받는다 하더라고 예체능 과목에서는 도리어 친구들에게 도움을 줄 수 있다는 것을 알기 때문이다.

이와 같이 네덜란드 초등학교는 학생의 수준을 고려해서 수준별 교육, 과목별 이동수업은 물론 월반을 보편적으로 시행하고 있다. 그 결과 공부를 잘하는 아이들은 수업에 더욱 흥미를 느끼게 되고, 수업 내용을 잘 이해하지 못하거나 공부에 흥미를 잃은 학생은 학습 의욕을 되살리게 된다.

네덜란드의 초등학교는 한 학급에 대개 두 명의 교사가 배정되어 요일별로 번갈아가며 학생들을 지도한다. 교사들은 학생의 학업 수준을 정확하게 파악하기 위해 서로의 의견을 교환하고 수렴하여 월반과 수준별 교육을 결정한다.

공부 못하는 아이는 유급과 특수교육을

네덜란드 초등학교에서 학생을 유급시키는 데에는 두 가지 이유가 있다. 첫째는 성적이 낮을 경우다. 교사는 1년간의 시험 점수를 합산해 대나수 과목의 점수가 6점을 넘지 못하는 학생은 이해력이 떨어지는 것으로 판단해 학부모에게 유급을 권한다. 한국에서 같은 상황이 벌어진다면 부모들은 아마 창피해하며 어떻게든 아이를 유급시키지 않으려고 할 것이다. 하지만 네덜란드의 부모들은 아이가 진도를 따라가지 못하는 것보다는 유급을 해서 제대로 배우는 것이 낫다고 생각하기 때문에 대부분 교사의 권유를 받아들인다.

둘째는 학교생활에 문제가 있는 경우다. 성적이 좋더라도 태도가 불량하거나, 교우 관계에 문제가 있거나, 교칙을 잘 지키지 않는 학생들이 여기에 해당된다. 이 경우에는 학부모가 교사의 결정에 그대로 따라야 한다.

사실 네덜란드의 초등학교는 월반 제도보다 유급 제도에 신경을 더욱 많이 쓴다. 유급 제도는 아이들이 초등학교에 입학하는 만네 살, 즉 Groep 1인 유아 교육 과정부터 적용된다. 이때는 글자를 배우지 않기 때문에 성적에 따라 유급이 결정될 수 있는 시기가 아니다. 즉, 이때의 유급은 학교생활을 잘 따라가지 못하고 아이들과 어울리는 데 어려움을 겪는 아이에게 학교에 적응할 시간을 주기 위한 것이다.

이러한 이유들로 인해 네덜란드 초등학교에서는 유급하는 아이가 적지 않다. 필자가 아는 쌍둥이 아이들의 경우만 해도 형이 초등학교 3학년일 때 동생은 4학년이었다. 형이 성적이 낮아 유급을 한 것이었다. 그런데도 쌍둥이의 부모는 큰아이가 유급한 것을 별로 부끄러워하지 않았다. 오히려 동생이 형보다 더 머리가 좋은 것 같다며 당당히 말하곤 했다. 또한 앞집에 살았던 마티아스라는 아이는 Groep 2에서 유급돼 같은 학년을 두 번 거쳤다. 이에 대해 아이의 부모는 "아이가 적응하기 힘들면 그럴 수도 있지"라며 심각하게 받아들이지 않았다.

하지만 유급이 연이어 계속되면 문제가 생긴다. 같은 학년에서 두 번 유급된 아이는 특수학교로 가게 된다. 특수학교는 일반초등학교보다 수업 진도를 천천히 진행하기 때문에 교육 기간이 길다. 특수학교는 학업성취도가 낮은 학생이 공부에 자신감을 가질 수 있도록 도와줄 뿐 아니라 공부가 아닌 다른 재능과 소질을 찾아 개발할 수 있도록 한다.

네덜란드의 부모들은 아이의 더 나은 미래를 위해 특수학교로 옮기는 것을 마다하지 않는다. 특수학교에서 일하는 교사를 만난 적이 있는데, 일반초등학교에서 적응하지 못하고 특수학교로 온 아이가 자신과 같은 아이들과 즐겁게 생활하며 학교생활을 해나가는 것을 보면서 보람을 느낀다고 했다.

이처럼 네덜란드는 성적이 부진한 아이들을 위한 교육에 더욱 심혈을 기울인다. 낙오되고 힘들어하는 학생들을 더 많이 배려하는 이러한 교육 문화는 네덜란드의 발전된 사회보장제도와 맞물려 있는 것 같다. 우수한 학생들을 위한 영재 교육도 중요하지만, 뒤처지고 소외되는 학생들 또한 잘 가르쳐 이들이 자라 사회의 일원으로서 자기 몫을 할 수 있도록 노력하는 것이 바로 정부와 교육기관의 진정한 역할이라 생각하는 것이다.

테마가 있는 이야기로 배우는 수학

큰아이가 초등학교 2학년(Groep 4) 때의 일이다. 학교에서 구구단을 가르치기 시작했는데, 큰아이는 2단을 천천히 배우는 것을 시시하게 여겨 친구들에게 자신이 9단까지 외운다는 말을 했다. 반 아이들은 놀라며 외워보라고 했고, 단숨에 2단부터 9단까지 외운 큰아이는 한국의 또래 아이들은 누구나 이렇게 구구단을 외운다고 했다. 다음 날 수학 시간, 반 아이들은 교사에게 한국에서 온 아이가 구구단을 모두 외울 줄 안다고 놀랍다는 듯이 말했다. 그런데 교사는 "왜 그렇게 구구단을 단순하게 외우는 거니? 그건 불필요한 일이란다. 다 외울 필요는 없어"라고 했다는 것이다. 칭찬을 듣게 될 거라고 기대했던 큰아이는 실망이 컸나보다. "엄마 이해가 안 돼. 구구단을 외우면 수학 문제를 쉽게 풀 수 있으니 좋은 거지 뭐가 불필요하다는 거야"라며 투덜거렸다. 당시 네덜란드로 유학을 간 지 얼마 되지 않아 네덜란드 사람들의 교육관을 이해하지 못했던 필자는 아이 편을 들며 "별일이다" 하고 지나쳤었다. 그리고 시간이 지난 후에야 그 이유를 알게 되었다.

네덜란드 학생들은 구구단 2단을 1년 동안 배운다. 필자는 그 쉬운 것을 왜 그렇게 오랫동안 배우는 것인지 이해가 되지 않으면서도, 한편으로는 무슨 이유가 있지 않을까 하고 궁금해졌다. 그리고 아이들의 수학 공책을 보고서야 그 이유를 알게 되었다.

네덜란드의 초등학교는 수학 시간에 구구단을 무조건 암기하면 안 된다고 가르친다. 곱셈의 원리를 기초부터 하나하나 천천히 배우기 때문에 진도 또한 느리다. 이 때문에 한국에서 온 아이들은 네덜란드의 수학 수업이 쉽다고 무시하곤 한다. 저학년일 때는 한국에서 온 아이들이 월등한 성적을 받기도 한다. 하지만 고학년에 올라가면 상황이 달라진다. 원리와 이론을 꼼꼼하게 배운 네덜란드의 아이들은 응용문제를 척척 푸는 반면, 외우기 식 문제 풀이에 익숙한 한국 아이들은 점점 뒤처지는 경우가 허다하다.

네덜란드의 수학책은 공식과 기호로 빼곡하게 채워진 한국의 교과서와 달리 각 단원마다 이야기 주제가 있다. 가령 '도서관에서', '호텔에서', '바캉스 계획 세우기' 등이다. 수학책을 펼쳐 보면 국어책이 아닌가 싶을 정도로 그림과 문구 등의 구성이 재미있게 짜여 있다. 학생들은 수학 교육을 통해 실생활에 응용할 수 있는 계산법을 배운다. 따라서 시험에서는 몇 명의 손님을 대접할 경우 수저와 나이프는 몇 개가 필요한지, 음식을 준비할 때 메인요리와 후식을 만들기 위해 채소를 얼마나 사야 하는지 등 구체적인 상황에 관한 문제를 풀게 된다.

네덜란드의 초등학교 수학은 난이도에 따라 A부터 F까지 단계가 나뉘어 있다. 또한 학생의 학업성취도에 따라 2학년이 3학년 반에 가서 수업을 들을 수 있고, 3학년이라 해도 2학년 반으로 내려가 교육을 받게 되어 있다. 초등학교에서 실생활에 도움이 되는 기초적인 수학을 배운 아이들은 중·고등학교에 들어가면서부터 다양한 수준의 수학 교육을 받는다. 네덜란드의 학생들은 한국의 학생들처럼 모두 다 똑같은 수준의 어려운 수학을 배우지 않는다. 대학에 갈 학생이라도 이과로 진학하지 않는다면 미분, 적분 같은 것은 배우지 않는다. 대학에서 인문학을 공부할 예정인 학생에게 이러한 수학 과정은 필요가 없을뿐더러 실생활에 활용할 일도 없기 때문이다.

얼마 전 지인의 부탁으로 네덜란드 초등학교 수학책을 한국어로 번역해서 보내준 적이 있다. 초등학교 수학 과목에 관한 석사 논문을 쓰고 있다는 그의 말에 의하면, 요즘 한국에서 네덜란드 수학 교육에 관한 관심이 높다고 한다. 특히 실생활에 접목한 교수법을 높게 평가해 학계에서 이를 한국의 교육 현장에 적용해보려고 한다고 했다.

아이들은 재미가 있으면 열심히 한다. 그런데 수학 공부를 재미있다고 자신 있게 말할 한국 아이들이 얼마나 될까. 네덜란드에서 초등학교를 다닌 필자의 두 아이는 수학 시간이 너무 즐겁다고 말하곤 했다. 한국의 아이들도 수학을 어렵고 지겨운 과목이 아닌 이야기와 테마가 있는 즐겁고 흥미로운 공부로 느꼈으면 좋겠다.

영어 교육은 초등학교 5학년부터

네덜란드는 한국과 달리 어린아이들의 영어 과외 열기가 없다. 네덜란드의 아이들은 초등학교 5학년이 돼서야 영어 공부를 시작한다. 일주일에 한두 시간, 그것도 영어 전담교사가 아닌 담임교사에게 고작해야 인사말 정도를, 그것도 아주 천천히 배운다.

사실 필자는 두 아이들이 네덜란드의 초등학교에 다니면서 영어 공부를 하는 것을 보고 속으로 한심하다는 생각을 하기도 했다. 아이들은 기초적인 문법조차 몰랐고 아는 단어도 별로 없었다. 오죽하면 아이들이 중·고등학교에 입학하기 전에 영어 학원에 보내볼까 싶어 학원을 찾아보기도 했다. 물론 사설 학원이 전무했기 때문에 일찍 포기해야 했다.

네덜란드의 초등학교에서 영어 교육을 서두르지 않는 데에는 그만한 이유가 있다. 초등학교 영어 교육의 목적은 그저 영어가 어떤 언어인지 살짝 알아보는 데 그치는 것이고, 진정한 교육은 중·고등학교에 가서야 시작한다. 네덜란드의 초등학생들은 영어를 잘하기 위해 노력하지 않을뿐더러, 부모 역시 자신들이 초등학교에 다닐 때 그렇게 공부를 해왔기 때문에 조바심을 내거나 아이를 다그치지 않는다.

늦게 언어를 배우면 학습 능력이 떨어지지 않을까 걱정이 되는 것이 사실이다. 그런데 네덜란드의 중·고등학생들은 영어를 잘한다. 영어 전담교사가 영어로 수업을 진행하며 실생활에 바로 활용이 가능한 살아 있는 영어를 가르치기 때문이다. 특히 인문계중고등학교를 나온 학생들은 회화는 기본이고, 미국 영화나 드라마를 자막 없이 볼 정도로 영어를 아주 잘한다. 학교에서 회화를 비롯해 문법, 작문, 어휘 교육을 체계적으로 하는 데다 자주 시험을 치러 면학을 유도하기 때문이다.

이로 인해 네덜란드 사람들은 전 세계 비영어권 국민 중 영어를 잘하기로 손꼽힌다. 영국의 경제 전문지 ≪이코노미스트The Economist≫의 2011년 4월 11일 자 기사에 따르면, 세계적인 사립 언어교육기관 EF^{Education First}가 전 세계 비영어권 국가 44개국을 대상으로 실시한 국민 영어 능력 평가 결과에서 1위가 노르웨이, 2위가 네덜란드, 3위가 덴마크 순이었다.

네덜란드 영어 교육의 장점은 초등학교에서 영어와 친근감을 쌓게 한 후, 중·고등학교에 올라가 살아 있는 영어를 철저한 과정을 통해 익히게 하는 것이다. 중·고등학교 영어 교육에 관한 내용은 5장에서 다시 자세히 살펴보기로 하자.

기록하는 습관은 평생 간다

둘째 아이가 초등학교 5학년(Groep 7)이었을 때다. 아이가 어느 날 학교에서 수첩을 가려오라고 했다며 예쁜 수첩을 사달라고 했다. 네덜란드의 아이들은 초등학교 5학년이 되면 수첩에 기록하는 방법을 배운다. 학교에서 책, 공책, 필기도구 등 준비물을 모두 일괄적으로 마련해주기 때문에 아이들은 수첩만큼은 자신이 좋아하는 것을 사서 들고 다니려고 한다. 그 수첩에 할 일, 숙제 등을 어떻게 기록하는 것이 좋은지 교사에게 배운다. 평소 무언가를 곧잘 까먹는 아이들도 이 과정을 통해 스스로 미리 준비하고 계획하는 습관을 갖게 된다. 필자의 아이들 역시 그랬다. 아이들은 도서관에서 책을 자주 빌려 보았는데, 수첩을 쓰기 시작하면서 일러주지 않아도 반납할 날과 다음에 빌릴 책을 스스로 챙기게 되었다.

수첩에 기록하기 교육은 몇 번으로 끝나지 않는다. 아이들이 잊지 않고 꾸준히 기록을 할 수 있도록 교사들은 한 달에 두어 번 정도 수첩을 걷어 잘못된 부분을 꼼꼼히 체크한다. 그리고 기록을 잘한 아이의 수첩을 보여주며 시간 관리가 인생에서 얼마나 중요한지 깨우쳐준다.

필자의 아이들 역시 초등학교 5학년이 되면서부터 늘 수첩을 간식 가방에 넣어 다녔다. 1년 동안 꾸준히 수첩을 정리한 아이들은 6학년이 되면서부터 교사가 시키지 않아도 알아서 기록을 했다. 숙제는 물론 음악 수업을 받으러 가는 날, 테니스 연습이 있는 날, 친구와의 약속 등을 메모해놓는가 하면, 친구들과 서로 시간표를 비교하며 약속 시간을 잡는 모습을 보면서 흐뭇하고 대견한 마음이 들었다. 특히 둘째 아이는 아주 중요한 메모는 그 수첩 페이지를 멋들어지게 접어놓아 꼼꼼하게 살피는 습관을 가지고 있어서, 필자는 가끔 아이의 수첩을 펼쳐보며 대화를 나누기도 했다.

이렇게 수첩에 기록하고 체크하는 것이 중요한 일상이 된 아이들은 새 학기가 되면 가장 먼저 마음에 드는 수첩을 사는 것을 큰 기쁨으로 여겼다. 아이들이 중·고등학교에 들어가면서부터는 수업 시간과 과목이 매일 다른 데다 각 과목마다 쪽지시험과 과제가 자주 주어졌기 때문에 할 일이 산더미처럼 많았는데, 기록하는 습관은 아이들의 공부에 큰 도움이 되었다.

초등학생일 때부터 수첩을 들고 다니며 기록하는 것이 습관이 된 아이들은 자연스레 어른이 되어서도 기록을 생활화하게 된다. 그래서 네덜란드에는 수첩을 사용하는 일이 몸에 밴 사람들이 많다. 네덜란드 사람들과 약속을 잡으려고 시간을 물어보면 그들은 항상 "잠깐 수첩에 적힌 일정 좀 보고 이야기할게"라고 했다. 전업주부인데도 수첩을 들고 다니며 일정과 중요한 사항을 기록하는 습관을 가지고 있다는 사실에 당시 필자는 적잖이 놀랐다. 그리고 어릴 때의 습관이 얼마나 중요한 것인지 새삼 깨달았다. 필자는 대학 졸업 후 방송사에서 근무하면서 뒤늦게 수첩에 기록하는 습관을 갖게 되었다. 이 습관은 전업주부가 된 지금까지도 이어져 삶을 유익하고 즐겁게 만들고 있다. 네덜란드 사람들을 보며 기록의 소중함을 다시금 깨닫게 된 것이 고맙다.

운동화 끈 매기 자격증?

네덜란드의 아이들은 이상하리만치 끈을 묶어야 하는 운동화를 많이 신는다. 네덜란드 생활에 익숙해질 무렵, 필자의 두 아들은 주위 친구들의 모습을 보고 끈이 달린 운동화를 사달라고 졸랐다. 그런데 매일 아침 등교할 때마다 아이들이 그 운동화를 신는 데 어찌나 시간이 오래 걸리던지, 인내심이 부족한 필자로서는 답답한 마음이 들곤 했다.

딸아이도 네 살이 되어 학교를 다니기 시작하자 오빠들처럼 끈을 매는 운동화를 신고 싶다고 성화를 부렸다. 신발 끈을 묶는 일이 얼마나 불편한 것인지 알았던 필자는 친정어머니가 보내준 벨크로Velcro, 소위 '찍찍이'가 달린 신발을 보여주며 딸에게 편한 것을 신고 다니라고 했다. 딸아이는 걸을 때마다 반짝반짝 빛이 나오는 그 신발을 신고 나갔다가 네덜란드 아이들이 신기해했다며 집에 와서 자랑을 했다. 그런데 어느 날 학교에서 돌아온 딸이 교사가 끈 달린 운동화를 신고 오라고 했다며 다시 신발을 사달라고 했다. '아니 학교에서 왜 아이들 신발까지 간섭하는지 모르겠네' 싶어 다음 날 아이의 담임교사를 찾아갔다.

교사는 아이들에게 운동화 끈을 묶는 훈련을 시켜서 혼자 운동화를 잘 신을 수 있게 되면 '운동화 끈 매기 자격증'을 주려 한다고 했다. '별난 자격증이 다 있네'라고 생각하는 필자에게 교사는 아이들이 신발 끈을 매는 시간은 여러모로 유익하다고 말했다. 밖으로 나갈 때 막무가내로 뛰쳐나가게 하는 것보다는 차분히 운동화 끈을 매게 함으로써 집중력과 인내심을 기르게 할 수 있다는 것이다. 마찬가지로 신발을 벗을 때에도 끈을 푸는 과정을 통해 숨을 돌리며 차분함과 침착함을 갖게 할 수 있다고 했다. 듣고 보니 머리가 끄덕여졌다.

딸아이에게 새로 산 운동화는 장난감이나 마찬가지였다. 운동화 끈을 잘 묶어보겠다고 날마다 바닥에 앉아 고사리 같은 손을 분주하게 놀리던 아이의 모습이 얼마나 예뻤는지 모른다. 얼마 후 딸아이는 운동화 끈 매기 자격증을 땄다며 집에 와 춤까지 추며 좋아했다. 필자는 네 살짜리 아이의 교육을 위해 학교에서 이런 부분까지 세심하게 신경을 쓴다는 것에 감동했다.

최근 들어 네덜란드에도 중국산 값싼 찍찍이 신발이 많이 들어오고 있다. 그런데도 여전히 대다수의 네덜란드 부모들은 아이에게 끈이 있는 운동화를 신기기를 고집하고 있다. 아이에게 도움이 되고 필요한 일이라 생각하면 여러 가지 불편함을 감수하고서라도 기존의 방식을 이어가는 것이다.

한국의 유치원에서도 '운동화 끈 매기 자격증' 따기를 시도해보면 어떨까? 대부분의 아이들이 찍찍이 신발이나 슬리퍼에 익숙해져 있는 한국의 상황에서 이는 결코 쉬운 일이 아닐 것이다. 물론 여기에는 부모의 인내심도 필요하다.

초등학교 6학년 때 진로를 결정하는 아이들

중학교 진학을 앞둔 대부분의 한국 아이들에게는 일상의 변화가 별로 없다. 추첨으로 학교를 배정받다 보니 통학 시간이나 개인적인 선호도 정도가 진학 고민의 대부분이다. 네덜란드의 아이들은 그렇지 않다. 네덜란드에서는 초등학교 6학년(Groep 8) 때 아이의 진로가 결정되기 때문이다. 대학을 졸업하고도 여전히 진로를 정하지 못해 갈팡질팡하는 학생들이 많은 한국의 현실과는 대조적이다.

네덜란드의 아이들은 초등학교 6학년 2학기 초에 중·고등학교 입학시험인 시토를 치른다. 놀라운 사실은 이 중요한 시험을 앞두고 아이들이 특별한 준비를 하지 않는다는 것이다. 벼락치기로 공부를 해서 높은 성적을 받을 수 있는 시험이 아니기 때문이다. 시토는 언어 능력과 수리 능력, 상식, 암기력 등을 본다. 초등학교 과정을 거쳤다면 누구나 자연스럽게 치를 수 있는 수준인 데다, 특정 과목에서 문제가 출제되는 것이 아니라서 별도의 준비가 필요 없다. 또한 시토와 비슷한 유형의 시험인 세오 SEO: School Eind Onderzoek 를 5학년 때 연습 삼아 치르기 때문에, 사전에 답안지 표기법이나 주의사항 정도를 교육받는 것만으로도 큰 문제가 없다.

공부할 필요가 없는 시험이라니 과연 변별력이 있을까 싶지만 시토의 결과는 상당히 정확하다. 언어 능력, 수리 능력, 지능 등을 상세하게 분석해 학생의 지적 능력을 다섯 개의 등급으로 평가한다. 이를 통해 학생이 어느 중·고등학교에 진학해야 하는지 알 수 있게 된다. 물론 학교는 학생의 진로 결정을 시토 결과에만 의존하지 않는다. 지난 8년간 학생의 학업성취도를 주도면밀하게 관찰해 작성한 학생기록부를 검토한다. 이 두 가지 자료를 토대로 학생, 학부모와 상의한 후에 비로소 학생이 진학하고자 하는 중·고등학교에 증빙서류를 제출한다.

네덜란드의 중·고등학교는 크게 세 가지로 분류된다. 첫 번째는 6년 과정인 인문계중고등학교로, 졸업 후 학문연구중심대학으로 진학하는 것이 가능하다. 두 번째는 5년 과정인 상위 보통중고등학교로, 졸업 후 상위 직업전문대로 진학하는 학생이 많다. 마지막으로 4년 과정인 중·하위 직업중고등학교는 졸업 후 중·하위 직업전문대로 진학하는 학생이 많다. 이렇게 네덜란드에서는 초등학교 때의 지능과 학업성취도를 평가해 중·고등학교를 결정하는 것은 물론 장차 대학 진학까지도 염두에 둔다.

　각 학교의 진학률은 인문계중고등학교가 15퍼센트, 상위 보통 중고등학교가 25퍼센트, 중·하위 직업중고등학교가 60퍼센트가량이다. 이때의 수치로만 보면 장차 순수하게 학문을 연구하는 대학에 진학하게 될 학생은 15퍼센트에 불과하다. 또한 학생의 절반 이상인 60퍼센트가 중·하위직업전문대로 진학한다. 이 두 가지는 한국의 교육 과정과 비교해볼 때 크게 두드러지는 점이다.

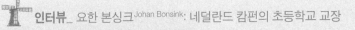

1. 네덜란드의 초등학생들은 왜 교과서를 가지고 다니지 않나?

초등학교 아이들의 교육은 대부분 학교에서 이루어진다. 주 5일, 오전 9시부터 오후 3시까지 학교에 다니기 때문에 그때 효과적으로 공부하는 것으로 충분하다. 숙제가 가끔 있기는 하지만 굳이 책을 집으로 가져갈 필요가 없다. 낱말 뜻 풀이, 네덜란드의 각 지방명과 지도 외우기 등을 과제로 내기 때문에 책이나 컴퓨터를 통해 자료를 찾으면 된다. 초등학교 과정의 공부는 학교에서 하는 것으로 충분하다고 생각한다. 방과 후 시간은 친구들과 놀며 사회성을 기르는 데 써야 한다. 스포츠나 음악 등 예체능을 배우는 것 또한 중요한 교육이다. 아이들이 성장하고 발전하는 데에는 다양한 활동이 필요하다.

2. 학생마다 학업성취도가 다를 것이다. 아이들의 수준에 따라 어떤 교육을 하고 있나?

우리 학교는 BAS^{Bouwen aan een Adaptieve School}라는 시스템을 통해 교사가 학생 간 격차를 판단하도록 하고 있다. 가령 수학 시간에 2분 동안 간단히 풀이 과정을 설명한 후 문제를 냈을 때, 바로 답을 구하는 아이들은 아주 영리한 아이들이다. 다시 차근차근 풀이 방법을 가르쳤을 때 이해하는 아이들은 중간 수준이고, 그 외에 더 긴 설명이 필요한 아이들은 배움이 더딘 아이들이다. 교사는 이러한 방식으로 아이들의 수준을 파악한 후 그에 맞게 수업을 한다.

학습 속도가 빠른 아이들은 과목에 따라 플러스 클래스를 진행해 심화 과정을 배우게 되며 더욱 많은 과제를 받는다. 이에 반해 학습 속도가 느린 아이들은 인턴 버글라이더Interne Begeleider 교사가 배정되어 수업에 흥미를 잃지 않도록 도와준다. 그리고 수업 시간에 집중을 하지 못하거나 언어 능력이 부족해 이해력이 떨어지는 아이들은 레미디알 교사Remedial teacher가 별도의 교육을 실시한다. 아이들의 수준에 따라 교육하는 이러한 방법은 그 효과가 즉각적으로 나타난다.

3. 학생들은 시토 결과를 잘 받아들이는가?

네덜란드의 학생들은 Groep 1에서부터 Groep 8까지 8년 동안 같은 학교를 다니기 때문에 교사는 물론 학생 스스로가 자신의 학습 능력을 잘 파악하고 있다. 더구나 Groep 7 때 연습시험을 보기 때문에 자신의 수준이 어느 정도인지 미리 파악이 가능하다. 따라서 시토 결과를 잘 이해하고 받아들인다.

4. 그렇다면 학부모들은 자녀의 시토 결과를 잘 수긍하는가?

학부모 역시 8년 동안 아이를 학교에 보내며 아이가 학교 공부를 얼마나 잘하고 있는지 알고 있다. 매 학년마다 두 번 이상 시행되는 교사와의 10분 면담을 통해 아이의 학업성취도를 듣기 때문이다. 또한 학부모들은 자녀가 반드시 인문계중고등학교에 진학해야 한다고 생각하지 않는다. 아이에게 맞지 않는 수준의 교육은 아이가 쉽게 따라가지 못하고 말 것을 알기 때문이다.

예약은 필수, 약속은 기본

네덜란드처럼 예약 문화가 철저히 자리 잡은 나라도 없을 것이다. 병원에 진료를 받으러 가거나 아이를 데리고 진료소에 예방접종을 하러 갈 때는 물론, 미용실에 머리를 하러 갈 때도 예약을 하지 않으면 안 된다. 필자는 처음에 이러한 그들의 예약 문화가 불편하고 짜증스러웠다. 주치의의 스케줄 때문에 원하는 시간에 진료를 못 받거나, 미용사의 사정 때문에 예약이 조정되곤 했던 것이다. 그런데 이 예약 문화에 서서히 적응을 하고 보니 이처럼 편한 것도 없다는 생각이 들었다. 가령 병원에 갔을 때는 예약된 시간 동안 주치의에게 이런저런 상담을 받을 수 있었다. 다음 환자가 줄줄이 대기하고 있는 것이 아니기 때문에 차분하게 의사와 이야기를 나눌 수 있었던 것이다. 네덜란드는 종합병원도 일부 응급센터를 제외하고는 모두 예약제이기 때문에 붐비지 않는다. 예약만 해놓으면 그 시간 동안 의사에게 왕 대접을 받으면서 치료를 받을 수 있다. 미용실도 마찬가지다. 한국에서는 미용실에서 자신의 차례가 돌아오길 한두 시간 정도 기다리는 경우가 다반사다. 하지만 네덜란드에서는 그럴 일이 없다.

이러한 예약 문화에는 약속에 대한 책임이 뒤따른다. 즉, 예약을 해놓고 일방적으로 지키지 않으면 그만한 대가를 치르는 것이다. 한번은 주치의에게 진료 예약을

해놓고 갑작스레 한국에서 손님이 와 병원에 가지 못한 적이 있었다. 며칠 지나 진료비 37유로(약 5만 5,000원)를 내라는 청구서가 날아왔다. 청구서에는 예약을 해놓고 오지 않아 그 시간에 의사가 다른 환자를 보지 못했으므로 진료비를 청구한다는 내용이 기재되어 있었다. 진료를 받았다면 전산을 통해 보험회사가 비용을 지불했을 텐데 진료 기록이 없으니 어쩔 수 없이 그 돈을 고스란히 내야 했다. 따라서 예약을 했을 경우 네덜란드 사람들은 반드시 지키려고 한다. 피치 못할 사정이 생겨 일정을 맞출 수 없다면 반드시 하루 전까지 그 예약을 취소한다. 그래야만 불이익을 당하지 않기 때문이다.

또한 네덜란드에서 어느 곳을 방문할 때 사전에 약속 없이 불쑥 찾아가는 것은 상당히 무례한 행동이다. 차를 마시러 가까운 지인의 집에 갈 때도 미리 약속이 되어 있어야 한다. 한국에서처럼 "지나가다 잠시 들렀다"라는 말을 한다면 네덜란드 사람들은 난처해하거나 불쾌해할 것이다. 처음에 필자는 이러한 약속 문화가 다소 불편했다. 그러나 곧 약속을 하게 되면 시간을 낭비하지 않아 좋고, 온갖 배려와 도움을 받는 등 그 시간이 더욱 유익해진다는 점을 알게 되었다.

네덜란드 엿보기 8

재래시장에서도
질서를 지키는
사람들

네덜란드에서 살려면 가장 먼저 배워야 할 말이 있다. "Wie is aan de buurt(다음 차례가 누구십니까)?"라는 말이다. 슈퍼마켓이나 크고 작은 상점, 시장에서 이 말은 아주 빈번히 쓰인다. 네덜란드의 상인들은 손님에게 항상 "누가 다음 차례인가"를 묻는다. 즉, 이 나라에서 새치기란 용납되지 않는 것이다.

네덜란드 사람들은 정말 차례를 잘 지킨다. 네덜란드에서 살다보면 사람들이 자연스럽게 줄 서 있는 모습을 곳곳에서 볼 수 있다. 그 가운데 특히 기억에 남은 곳이 바로 시장이다.

네덜란드의 큰 도시 중심지에는 보통 일주일에 한 번씩 장이 열린다. 한국의 7일장과 비슷하다. 필자가 살던 캄펀에서는 월요일마다 장이 열렸다. 야채, 생선, 과일, 옷 등 다양한 물건들을 파는 상인들이 모여드는 데다 시중 상가에 비해 가격이 저렴해 시장은 늘 사람들로 북적북적 붐볐다.

이러한 시장에서 어떻게 질서를 지키는 일이 가능할까 의아했다. 시장에서는 줄서는 일도 힘들고, 누가 먼저 와서 물건을 사려고 기다렸는지 알아채기도 어렵다. 그런데 신기하게도 네덜란드 사람들은 누가 먼저 왔는지 서로서로 기가 막히게 잘 안다. 물건을 챙겨주느라 정신없는 상인이 "누가 먼저 오셨습니까?" 하고 물

으면 서로 나서서 먼저 온 사람을 가리키고 챙겨준다. 가끔 새치기를 하는 사람이 있는데 그들은 십중팔구 외국인이다. 중국인, 인도네시아인 등등 이들은 질서 개념이 부족해 무조건 물건을 집어 들고 사려고 한다. 그러나 네덜란드인이 먼저 와 기다리고 있다면 새치기가 불가능하다. 그들은 "다음 차례는 나다"라고 분명하게 말하기 때문이다.

새치기한 손님의 물건을 먼저 계산해준다는 것도 네덜란드에서는 상상할 수 없는 일이다. 시장 상인은 물론 상점 주인, 지하철 매표원 등등 모든 사람이 질서와 차례를 중시한다.

네덜란드 사람들이 질서를 잘 지키는 데에는 초등학교 교육의 영향이 크다. 초등학교 유아 교육 과정에서 차례를 지키고 양보하는 것을 철저하게 가르치기 때문이다. 이러한 질서 개념은 학교생활 내내 강조되어 사회에 나와 나이가 들어도 뚜렷하게 남는다.

05
중고등학교
미래의 일자리를 준비하는 곳

인문계중고등학교(VWO)
: 공부하기 정말 어렵다

큰아이가 인문계중고등학교에 입학했을 때다. 아이는 일주일 내내 학교에서 오리엔테이션을 받았다. 방과 후 집에 돌아와서는 매일같이 그날 있었던 일을 신이 나서 이야기했다. 필자는 아이의 이야기를 재미있게 들으면서도 한편으로는 '중·고등학교에서도 놀기만 하나' 하며 의아해했다.

그런데 알고 보니 오리엔테이션의 목적은 따로 있었다. 중·고등학교와 초등학교의 다른 점과 효율적으로 공부하기 위해 시간을 관리하는 법, 그리고 스스로 공부하는 방법 등을 알려주기 위한 것이었다. 오리엔테이션 막바지에 이르자 큰아이는 학교에서 책을 잔뜩 가져왔는데 그 양에 기가 질린 표정이었다.

인문계중고등학교, 즉 VWO^{Voorbereidend Wetenschappelijk Onderwijs}는 학문 연구를 위한 교육을 한다. 이곳은 초등학교 졸업생 중 성적이 상위 15퍼센트 안에 든 우수한 학생들이 다니는 6년제 학교다. 인문계중고등학교는 공부에 남다른 재능이 있고 연구직이나 전문직으로 진로를 선택한 학생들이 모인 곳이라 할 수 있다.

그런 까닭에 인문계중고등학교의 교육 과정은 난이도가 높고 과목 수가 많다. 영어, 독일어, 프랑스어는 모든 학생들이 이수해야 할 필수 언어 과목인데, 우등반인 김나지움^{Gymnasium}에 속하는 아이들은 여기에 고전어인 라틴어나 그리스어, 히브리어 등 두 개의 언어를 더 배워야 한다. 여기에 수학, 과학, 생물학, 역사학, 경영학, 화학 등 초등학교 때와는 비교할 수 없을 만큼 많은 것을 배우게 된다. 또한 각 과목마다 숙제는 물론이고 쪽지시험과 구두시험을 하루가 멀다 하고 치른다.

이렇다보니 초등학교 때는 그저 머리가 좋아 학교 수업을 곧잘 따라가던 아이도 중·고등학교에 올라가서부터는 공부를 게을리 할 수가 없다. 수업이 끝나기 무섭게 집에 와서 숙제와 공부를 하는 것이 인문계중고등학교에 다니는 학생들의 일과다. 학기 말에 성적을 종합해 세 과목 이상에서 낙제점을 받으면 유급을 하거나 상위 보통중고등학교로 전학을 가야 하기 때문이다. 실제 이런 이유로 유급과 전학을 하는 학생이 적지 않다. 이 때문에 인문계중고등학교에 진학한 학생들은 그 전과 전혀 다른 일상을 보내게 된다. 방과 후 마음대로 놀 수 없을뿐더러 자기 나름대로 일정을 조정해 언제 쉬고, 언제 공부해야 하는지 터득해나가야 한다.

필자의 큰아이는 김나지움에 속했는데 언어 과목 공부에 부담을 크게 느꼈다. 특히 고전어인 라틴어와 그리스어를 공부하는 것이 너무 어렵고 재미가 없다며, 아버지처럼 신학을 전공할 것도 아니니 포기하고 싶다고 했다. 억지로 공부를 시킬 수 없는 노릇이라 결국 큰아이는 2학년부터 일반 학급으로 옮겨 고전어를 더 이상 공부하지 않게 되었다. 다른 김나지움 학생들도 본인이 싫은 공부는 억지로 하려고 하지 않는다. 필자의 아이처럼 김나지움에서 고전어를 배우다 포기하고 일반 학급으로 옮긴 학생들이 적지 않다고 들었다.

네덜란드의 인문계중고등학교 학생들은 적당히 공부해서는 졸업하기 어려울 만큼 배워야 할 것이 많다. 학교 수업이 끝나면 자유 시간이 주어지지만, 이 시간을 잘 관리해서 공부해야 한다는 부담감 또한 적지 않다. 그런데도 대다수의 학생들은 이 시스템에 잘 적응해나간다. 그런 아이들을 지켜보면서 어릴 때 스스로 공부하는 습관을 갖도록 하는 것이 얼마나 중요한 것인가를 절실하게 깨달았다.

대학생인지 고등학생인지

네덜란드의 중·고등학교는 한국과 달리 등하교 시간이 일정하지 않다. 그래서 필자는 현재 인문계중고등학교에 다니고 있는 둘째 아이를 보면 대학생 같다는 생각이 든다. 아이는 그날그날 수업시간표에 따라 아침 8시에 집을 나설 때도 있고 오전 10시에 나설 때도 있다. 물론 수업을 마치고 집에 돌아오는 시간도 제각각이다. 또한 반별로 교실이 따로 없고, 수업 시간이 되면 해당 과목 수업이 진행되는 교실로 찾아가야 한다고 했다. 즉, 네덜란드의 중·고등학생들은 학생 스스로 일정을 챙기고 시간을 효율적으로 사용해야 한다.

또한 네덜란드 인문계중고등학교는 과목마다 리포트 과제가 산더미다. 학생들은 일주일에 몇 번씩 시립도서관을 들락거리며 과제를 하기 바쁘다. 네덜란드어 과목의 경우 유명 작가의 책을 읽고 비평문을 써내야 하며, 화학이나 생물학 등 과학 과목은 분기마다 주제를 정해 연구를 진행하고 그 결과를 보고서로 작성해 제출해야 한다. 여럿이 모여 함께 조사하고 연구해야 하는 과제도 있다. 특히 역사 과목의 과제는 어떤 지역을 방문해서 사진을 찍어 제출하거나 도시의 박물관에 다녀와 리포트를 써야 하는 경우가 많아, 아이들은 주말을 이용해 친구들과 기차 여행을 하면서 과제를 하곤 한다.

각 과목의 교사들은 학생들이 제출한 리포트가 인터넷 등에서 베낀 것이 아닌지 확인하기 위해 참고 자료의 출처를 모두 첨부하도록 한다. 이로써 학생이 자료를 얼마나 잘 이해하고 활용했는지 등도 꼼꼼히 체크한다.

이러한 리포트 과제는 시험 못지않게 중요하다. 한국의 경우 중간고사와 기말고사 점수가 성적을 좌우하지만, 네덜란드에서는 리포트와 쪽지시험 역시 성적에 크게 반영된다. 따라서 네덜란드의 중·고등학생들은 겉으로는 자유롭게 수업을 들으며 여유롭게 학교에 다니는 것처럼 보여도 실상은 공부하랴 과제하랴 바쁜 생활을 한다.

이와 같은 리포트 과제는 Klass 4, 즉 고등학교 1학년 때부터 본격적으로 주어진다. 네덜란드의 인문계중고등학교는 6년제로, Klass 1~3은 한국의 중학교 개념인 저학년onderbouw에 속하며 Klass 4~6은 고학년bovenbouw에 속한다. 저학년은 각 과목의 기초를 다지는 시기로 과제나 쪽지시험이 많지 않다. 그러나 고학년에 접어들면 과제와 쪽지시험이 많아지고 이 모든 평가가 졸업시험 성적에 포함된다.

특히 고등학교 3년인 Klass 6 학생들은 졸업 논문 격인 프로필profile 작업을 해야 한다. 이 프로필 작업을 위해 학생들은 분야를 정한 후 그룹을 만들어 특정 주제에 관해 1년간 준비하는 것이 보통이다. 필자의 둘째 아이는 자연과학 분야에서 '비행기의 비행 원리'에 대해 연구했다. 아이들은 모여서 자료를 찾고 항공사를 찾아가 전문 엔지니어를 인터뷰 하는 등 그 나이 또래가 할 수 있는 모든 노력을 기울여 프로필 작업을 했다.

인문계중고등학교에서 각종 리포트를 작성하며 쌓은 혹독한 경험은 훗날 학생들이 학문연구중심대학에 진학했을 때 리포트 과제를 척척 처리하는 데 밑거름이 된다. 현재 암스테르담 자유대학교 법학과에 재학 중인 필자의 큰아이 역시 중·고등학교 때의 리포트, 프로필 과제가 대학 공부에 적응하는 데 큰 도움이 되었다고 한다. 결국 인문계중고등학교의 교육 과정은 대학 진학을 위한 기초 과정이라 할 수 있다. 필자는 아이들을 보며 고등학생인지 대학생인지 분간이 되지 않는다며 대견하게 여겼지만, 이는 네덜란드 교육 과정에서 당연한 일이었다.

1년에 4번, 과목 교사와의 열정적인 면담

필자의 아이들이 학교에서 성적표를 받아왔을 때였다. 비교적 만족스러운 성적이었지만 어떤 과목은 생각보다 점수가 낮았다. 아이들에게 "이 과목은 공부하기가 어렵니?"라고 묻자 "나도 모르겠어. 열심히 한다고 했는데 성적이 별로여서 실망스러워. 엄마가 선생님들을 만나서 한번 물어봐"라고 했다. 그러면서 종이 한 장을 내밀었다. '학부모 면담 신청서'였다.

네덜란드의 중·고등학교는 학생들에게 성적표를 나누어 주면서 학부모 면담 신청서도 함께 준다. 학부모는 3명의 과목 교사를 선정해 면담을 신청할 수가 있다. 학부모들은 대체로 자녀의 성적이 부진한 과목의 교사를 만나려고 하는데, 신청서에 원하는 시간대를 적어서 아이에게 돌려보내면 면담 시간을 배정받아 집으로 가지고 온다.

과목 교사와의 면담은 학년별로 이루어지며, 대강당 같은 곳에서 대대적으로 실시된다. 주어진 시간은 10분이다. 오래 앉아 넋두리를 늘어놓을 시간이 없다. 10분이 지나면 어김없이 종이 울리고 다음 차례에게 자리를 내어주어야 한다.

필자는 가장 먼저 큰아이의 담임교사를 만났다. 교사는 큰아이의 수업 태도, 급우 관계, 성적에 대해 상세히 일러주었다. 또한 큰아이가 가끔 지각하는 경우가 있으니 벌칙을 받지 않도록 주의해 달라고 당부했다. 그다음으로 만난 수학 교사는 큰아이가 유독 수학 과목에서 성적이 낮은 이유에 대해 설명했다. 답은 거의 맞게 쓰는데 답을 푸는 과정을 자세히 쓰지 않아 점수를 올리지 못한다는 것이었다. 즉, 문제 풀이 과정을 상세히 써야 높은 점수를 얻을 수 있다고 조언했다. 마지막으로 만난 네덜란드어 교사는 큰아이의 모국어가 네덜란드어가 아닌 탓에 이해하기 힘든 문법이 있는 듯하다며, 네덜란드어로 쓰인 책을 많이 읽게 해서 언어 감각을 키울 수 있도록 도우라고 했다.

며칠 뒤 둘째 아이 학년의 학부모 면담이 실시되었다. 둘째 아이의 담임교사는 아이가 쾌활하며 유머 감각이 뛰어나 반 아이들에게 인기가 많다며 칭찬했다. 그런데 뒤이어 만난 역사 교사는 아이가 수업에 집중을 하지 못한다고 했다. 역사는 이해력이 중요한데 수업 자세가 산만해서 점수가 잘 나오지 않는다고 단호하게 말했다. 이처럼 네덜란드의 교사들은 학생에 대해 직설적으로 표현하곤 했다. 또한 교사들은 학생의 쪽지시험 성적은 물론 과제물 제출 여부까지 상세히 공개한다. 학부모들은 자녀의 성적이 어느 수준인지 다른 학생들과 비교해볼 수도 있는데, 그 대신 다른 학생의 이름은 공개되지 않는다.

과목 교사와의 면담이 있는 날이면 학교 강당은 학부모들로 빼곡해진다. 학부모들은 교사와 면담하기 위해 만사를 제칠 만큼 열정적이다. 대부분 부모 모두가 동석해 교사 앞에 나란히 앉아 자녀들의 학교생활과 성적에 대해 주의 깊게 듣는다. 네덜란드에서는 사교육이 없기 때문에 학교의 과목 교사 평가가 아주 중요한 의미를 갖는다. 특히나 인문계중고등학교는 공부에 소질이 있는 상위권 아이들이 모인 곳이라서 학부모들은 자녀의 성적에 관해 관심이 높다. 물론 과목 교사와의 면담은 다른 모든 중·고등학교에서도 실시된다.

필자는 면담을 갈 때마다 학부모들이 교사들의 말에 귀 기울이며 그들의 말을 절대적으로 신뢰하는 것을 보면서, 공교육이 사교육에 밀려 교사의 권위가 실추되고 있는 한국의 안타까운 현실이 떠올랐다. 이러한 과목 교사와의 면담이 한국에서도 잘 활용되어 자녀 교육을 학원이 아닌 학교에 믿고 맡기는 풍토가 자리 잡는다면 얼마나 좋을까?

엄격한 유급 제도

둘째가 여름방학을 맞아 한국에 잠시 돌아왔을 때다. 매일같이 담임교사로부터의 이메일을 기다리기에 무슨 내용인데 그러느냐고 했더니, 다음 학년으로 올라가려면 편지로 확답을 받아야 한다고 했다.

네덜란드의 학생들은 해가 바뀐다고 해서 자동적으로 모두 다음 학년으로 진급하는 것이 아니다. 1년에 4번 시험을 쳐서 그 평균 점수가 10점 만점에 6점 이하인 과목이 3개 이상이거나 전체 성적이 나쁘면 유급 대상이 된다. 또한 성적이 무난하다 하더라도 수업 태도가 불량하거나 결석 일수가 많아도 유급 대상이 된다. 만약 같은 학년에서 두 번 유급을 하면 한 단계 낮은 학교로 전학을 가야 한다.

둘째 아이가 담임교사의 메일을 목 빠지게 기다린 데에는 평소 학교생활에 딱히 문제가 있어서가 아니다. 네덜란드 중·고등학생의 유급률은 전체 학생 중 30퍼센트에 달할 정도로 그 비율이 상당하다. 그러니 확정 소식을 받기 전까지 학생들은 마냥 안심할 수가 없다. 큰아이 친구들 중에도 Klass 3 때 유급이 되어 고학년으로 바로 진학하지 못한 아이들이 적지 않다.

이처럼 유급 대상이 적지 않게 되자 Klass 4 과정부터 한 과목에 한해 시험을 다시 볼 수 있게 되었다. 즉, 1년에 4번 치르는 각 시험 때마다 한 과목씩 재시험을 치를 수 있으며, 모든 시험 때마다 재시험을 볼 경우 적어도 1년에 4개 과목의 성적을 만회할 기회를 얻는 것이다. 특별히 Klass 4부터 재시험 제도를 도입한 것은 Klass 4부터 Klass 6까지의 3년간의 성적이 대학 입시에 반영되기 때문이다.

이 같은 재시험 제도는 유급을 면할 수 있도록 도입된 것이지만, 학생 스스로 성적에 만족하지 못하면 낙세점이 아니더라도 재시험을 볼 수 있다. 그러나 재시험을 선택하는 학생 대다수는 한 과목이라도 성적을 올려 유급을 피하려는 아이들이다. 재시험은 정규 시험이 모두 끝난 후 치러지는데 출제 내용이 종전과 완전히 다르다. 따라서 재시험을 볼 경우 이전에 공부했던 것과 다른 내용을 공부해야 한다. 유급 대상이 아니면 굳이 재시험을 보지 않으려고 하는 데는 이러한 이유가 있다. 심지어 유급을 할지언정 재시험을 보지 않는 아이들도 적지 않다.

　만일 어떤 학생이 재시험을 치렀으나 점수가 이전보다 낮게 나오면 어떻게 될까? 그럴 경우 이전에 받은 점수를 선택할 수 있다. 즉, 재시험은 학생들에게 성적 반영에 대한 위험 부담을 주지 않는다. 그런데도 네덜란드 학생들은 재시험을 달갑게 여기지 않는다. 다시 시험을 본다는 것 자체를 스트레스로 여기기 때문이다. 그럼에도 학교는 유급 대상인 학생들을 구제하기 위해 재시험 기회를 열어놓고 있다.

자유로운 교육 환경, 엄한 규율로 통제한다

네덜란드의 중·고등학생 역시 여느 나라의 또래와 마찬가지로 제어하기 힘든 시기의 아이들이다. 더욱이 네덜란드의 중·고등학교는 등하교 시간이 자유로워 언뜻 보면 학생 통제가 어려우리라 생각하기 쉽다. 하지만 네덜란드의 중·고등학교는 규율과 벌칙을 엄격히 시행해 학생 스스로 자신을 통제하지 않으면 안 되게끔 하고 있다.

　그 예로 수업 시간에 집중하지 않고 수업을 방해하는 학생은 곧바로 경고를 받고, 경고가 2번 이상 되면 초록색 경고장을 받는다.

경고장을 받은 학생은 학년주임에 해당하는 교사에게 불려가 주의를 듣는다. 그런데도 이후 같은 일이 반복되면 수업이 끝난 뒤 혼자 남아 학교 곳곳을 청소하는 벌칙을 받는다. 또한 결석이나 지각을 해도 벌을 받는다. 수업을 한 시간 빠지면 두 시간을 강당 같은 곳에 혼자 앉아 공부를 해야 한다. 지각이나 결석이 세 번 이상 되면 일주일 동안 '시간표를 꽉 채우는^{vierkant rooster} 벌'을 받는다. 이는 원래 수업 시간표와 상관없이 1교시인 오전 8시부터 마지막 수업인 오후 5시까지 교무실 앞에 책상을 두고 공부를 해야 하는 벌이다. 물론 원래 수업이 있는 시간에는 해당 교실에 가서 수업을 듣는다. 이와 같은 벌을 줄 때 학교 측은 학부모에게 편지를 보내 학생이 왜 이러한 벌을 받게 되었는지 설명한다.

필자의 아이들도 '시간표를 꽉 채우는 벌'을 한 번씩 받은 적이 있다. 큰아이는 지각을 자주 해서, 둘째 아이는 수업 시간에 친구들과 장난을 쳐서였다. 아이들은 이 벌칙을 받은 후 다시는 지각을 하거나 수업 중에 장난을 치지 않겠다고 했다. 벌칙이 너무 끔찍했다는 것이다. 필자는 아이들에게 "한국에서는 그 벌칙이 보통의 수업 시간표다"라고 말하면서, 한국에서의 학교생활이 이곳 아이들에게는 가장 무서운 벌이 된다는 사실에 웃음이 절로 났다.

네덜란드의 중·고등학교에서 가장 엄격하게 처벌하는 것은 무단결석이다. 아프거나 특별한 사유가 있어 수업에 빠지거나 지각을 하게 되면 미리 학부모를 통해 학교에 알려야 처분을 면할 수 있다. 학생이 이유 없이 학교를 빠지거나 수업에 빠지는 일이 잦아지면 학교 측은 학부모에게 이를 알려 선도할 수 있는 기회를 준다. 그러나 이로써도 학생의 행동이 개선되지 않거나, 술과 마약을 하는 등의 극단적인 일을 벌이게 되면 교육부 소속의 의무교육 담당 장학관Leerplicht Ambtenanaar에게 보고를 한다.

의무교육 담당장학관은 각 시청에 한 명 이상 의무적으로 파견되어 있으며, 학교에 문제가 발생하면 이를 상담·지도하며 교육부 및 관련 기관 등에 긴밀하게 연락을 취해 학생들을 관리한다. 이들은 문제 학생을 정신적으로 계도하며, 일정 기간 수업 대신 사회봉사를 하도록 조치해 반성과 개선의 기회를 부여한다. 네덜란드에서 의무교육 기간에 해당하는 연령은 만 16세까지로, 담당장학관의 역할은 이 시기의 아이들이 모두 학교 교육을 받아 졸업할 수 있도록 최대한 배려하는 것이라 볼 수 있다.

또한 수위concierge의 업무도 학생 통제에 상당한 역할을 한다. 수위는 학교 관리는 물론 학생 통제에서 그 권위가 대단하다. 수위들은 제복을 입고 있는 데다 대개 덩치가 큰데, 교실 밖에서 일어나는 아이들의 행동을 통제하고 보호한다. 수위는 학교 학생들의 수업 시간표를 모두 가지고 있다. 지각한 학생들은 학교 정문에 들어서자마자 수위에게 지각계를 내야 하며, 수위는 이를 정리해 담임교사에게 보고한다.

이와 같은 엄격한 규율과 벌칙 제도에 의해 네덜란드의 중·고등학생들은 교사의 지도에 비교적 잘 따르는 편이다. 학생 스스로 규율을 어기거나 바르지 못한 행동을 할 경우 불이익을 당한다는 것을 알고 자신의 행동을 조절하려 한다. 네덜란드 학교 교육에는 체벌이 없다. 또한 학생이 교사에게 폭력을 휘두르는 행위란 있을 수 없다. 네덜란드에서는 부모가 자식에게 폭력을 행하는 것도 용납되지 않는다. 자유롭지만 엄격한 학교, 네덜란드 교육의 현장은 이러하다.

상위 보통중고등학교(HAVO)
: 각 분야의 전문가를 키운다

HAVO^{Hoger algemeen voorgezet onderwijs}는 상위 보통중고등학교로, 상위 직업전문대를 가기 전에 기본적인 이론 교육을 받는 5년제 학교다. 이 학교에 진학하는 학생들은 초등학교에서 상위 20~40퍼센트의 성적을 유지해온 아이들로, 장차 전문 직종에서 일하게 될 우수한 영재다.

상위 보통중고등학교에서는 이론 교육만을 시행한다. 본격적인 직업 실무 교육은 졸업 후 상위 직업진문대에서 접하게 된다. 상위 보통중고등학교의 교육 과정은 klass 1부터 klass 3까지 인문계중고등학교와 동일한 공통 과목을 다루지만, 고전어인 그리스어나 라틴어, 히브리어 등은 가르치지 않는다. 다만 학습 진도는 인문계 중고등학교보다 느리다. 상위 보통중고등학교는 인문계중고등학교와 중·하위 직업중고등학교의 중간 등급이다. 따라서 네덜란드 교육의 유동적인 학제에 따라 과목 평균이 8.0이 넘는 우수한 학생은 인문계중고등학교로 전학이 가능하며, 반면 성적이 좋지 않아 유급을 두 번 이상 받은 학생은 낮은 단계의 학교인 중·하위 직업중고등학교로 옮겨야 한다.

상위 보통중고등학교의 학생들은 대개 특정 직업과 관련된 실무 중심의 대학 진학을 목표로 공부한다. 5년 과정을 마치면 국가에서 실시하는 졸업시험을 치르는데, 그 결과에 따라 합격증Diploma을 받으면 상위 직업전문대로의 진학이 가능하다. 기자나 피디를 비롯한 언론인, 교사 등 각 분야의 전문가 대부분이 바로 이 상위 보통중고등학교를 거쳐 상위 직업전문대를 졸업한 사람들이다.

2002년 한일 월드컵 당시 한국의 대표팀 감독을 맡았던 히딩크 감독이 바로 이 상위 보통중고등학교 출신이다. 그는 상위 보통중고등학교의 전신인 HBSHogeberoepschool를 다니다가 축구에 소질이 있는 것이 발견되어 축구선수로 발탁, 선수 생활을 시작했다. 이후 그는 스포츠 리더 전문 교육기관인 CIOSCentrl Instituut Opleiding Sportsleider에 진학해 축구감독 자격증을 따, 지금까지 감독으로 왕성한 활동을 하고 있다. 히딩크 감독은 인문계중고등학교나 대학을 나오지 않았지만 영어는 물론 독일어, 프랑스어, 그리고 스페인어와 이탈리어까지 구사한다.

중·하위 직업중고등학교(VMBO)
: 사회 곳곳에 필요한 인력을 생산하다

네덜란드의 초등학교 졸업생 중 60퍼센트가량은 VMBO^{voorberei-}dend middelbaar beroepsonderwijs, 즉 중·하위 직업중고등학교에 진학한다. 이 학교는 한국의 실업계·기술계 고등학교와 성격이 비슷하다. 다만 초등학교를 졸업한 어린 학생들이 진작부터 일선에 뛰어들기 위한 구체적인 교육을 받는다는 것이 다르다. 중·하위 직업중고등학교의 학생들은 중·하위 직업에 관한 이론 교육은 물론 실무 교육을 받음으로써, 졸업과 동시에 직업 전선으로 뛰어들거나 중·하위 직업전문대에 진학해 더욱 전문적인 기술과 실무를 익히게 된다.

중·하위 직업중고등학교 학생들은 인문계중고등학교 학생들처럼 공부에 연연해하지 않는다. 배우는 과목 수도 많지 않다. Klass 1, 2 때에는 공통 과목을 공부하고, Klass 3에 오르면 각자 원하는 직업 관련 공부를 하거나 실무를 익힌다. 그래서 인문계중고등학교를 다니던 필자의 아이들은 가끔 공부가 힘들다고 투정하며 중·고등학교를 졸업해 돈을 벌기 시작한 친구들을 부러워하곤 했다. 그도 그럴 것이 중·하위 직업중고등학교는 4년 과정이기 때문이다. 인문계중고등학교에 다니는 아이들은 중·하위 직업중고등학교의 아이들에 비해 학교를 2년 더 다닌다. 그리고 대학에 들어가 공부를 하고 나서야 직업을 갖는다. 이처럼 네덜란드의 아이들은 초등학교 졸업 후인 만 열두 살 때부터 서로 다른 삶을 살게 된다.

사실 초등학교를 졸업한 아이들 중 절반 이상이 졸업 직후부터 미래의 직업을 위해 준비하기 시작한다는 것은 한국 사람들에게 낯선 일이다. 이들 앞에 주어진 직업들은 한국의 부모들이 자녀에게 기대하는 최고의 직업도 아니다. 하지만 모든 아이들이 월등하게 공부를 잘해 사회적으로 인정받는 훌륭한 직업을 갖거나 고소득 연봉의 직장에 다닐 수는 없는 노릇이다. 네덜란드의 교육 제도는 이러한 상황을 어릴 때부터 자연스럽게 받아들이고 자신에게 알맞고 자신이 좋아할 수 있는 직업의 길로 들어설 수 있도록 이끌어주는 것이다.

즉, 네덜란드의 중·고등학교 교육 과정은 다양한 직업의 세계로 나아갈 인재들을 길러내는 데 주안점을 두고 있다. 인문계중고등학교에 입학하는 아이들은 전체 학생 중 약 15퍼센트로, 장차 대학에 들어가 학문 연구를 하거나 고급 전문직에 종사하게 된다. 상위 보통중고등학교 출신은 그 외 약 25퍼센트로, 실무 중심의 전문대학을 거쳐 상위 직업군에서 일하는 전문 인력이 된다. 나머지 60 퍼센트에 해당하는 아이들은 중·하위 직업중고등학교를 졸업한 후 중·하위에 속하는 수많은 일자리에서 노동력을 제공한다. 사회 곳곳의 다양한 자리에서 각자의 능력을 펼칠 인력을 생산해낸 다는 점이야말로 네덜란드 교육의 최대 강점이다.

중·하위 직업중고등학교의 교육 과정

중·하위 직업중고등학교의 교육 과정은 크게 네 가지로 나뉜다. 이 과정은 학생 스스로 선택하는 것이 아니라 초등학교 졸업시험인 시토 결과에 따라 정해진다. 참고로 시토는 학생의 언어능력, 수리능력, 지능 등을 종합적으로 제시하는데, 교사는 이를 근거로 학생의 진학 상담을 한다.

이론교육 TL: Theoretische Leerweg	이론 중심의 교육 과정이다. 성적이 상위권에 드는 아이들을 대상으로 중등 직업 교육에 필요한 이론을 가르친다. 전체에서 약 37퍼센트에 해당하는 학생이 이 과정에 속한다.
이론·실무교육 GL: Gemengde Leerweg	이론과 실무 교육을 반반씩 병행하는 과정이다. 11퍼센트가량의 학생이 이 과정에 속한다.
기술직업교육 KBL: Kaderberoepgerichte Leerweg	실무 경험 위주의 교육 과정이다. 각종 기술(전기, 금속, 목재) 분야와 동·식물 관련 전문 기술을 습득하게 된다. 27퍼센트가량의 학생이 이 과정에 속한다.
기본직업교육 BBL: Basisberoepsgerichte Leerweg	단순 직업 교육 과정이다. 보도블록 설치, 유리창 닦기, 마감재 공사 등 단순한 노동을 요구하는 직업을 교육한다. 25퍼센트가량의 학생이 이 과정에 속한다.

1. 중·하위 직업중고등학교의 교육 과정이 중요한 이유는 무엇인가?

네덜란드 학교의 교육 목표는 모든 아이를 각자의 지적 수준에 맞게 교육하는 것이다. 사회에는 책상에 앉아 업무를 처리할 똑똑한 사람만 필요한 것이 아니다. 현장에서 몸으로, 기술로 일할 사람도 필요하다. 중·하위 직업중고등학교는 바로 이 현장에서 일할 사람들을 교육하는 곳이다. 중·하위 직업중고등학교는 학생들이 미래의 직업을 선택할 수 있도록 도와주며, 중·하위 직업전문대에 진학해 전문적으로 직업 교육을 받을 수 있도록 이끌어준다.

2. 실무 교육은 어떻게 이루어지는가?

실무 교육 시간은 일주일에 12시간이다. 가령 자동차 정비사가 되고자 하는 학생은 학교 실습실에서 교사로부터 정비 기술을 배우는 한편, 자동차 공장이나 수리센터에 나가 실제 업무를 관찰하고 직접 일을 해본다. 최근에는 이 실무 교육을 공공기관이나 회사 등에서 자원봉사 개념으로 하도록 의무화하고 있다.

3. 중·하위 직업중고등학교를 졸업한 학생들의 진로는?

중·하위 직업중고등학교를 졸업한 아이들의 나이는 만 15~16세이다. 따라서 만 18세 미만의 미성년자이기 때문에 졸업과 동시에 온전한 취업을 할 수가 없다. 대개의 학생들은 중·하위 직업전문대로 진학해 공부와 일을 병행한다. 중·하

위 직업전문대는 6개월부터 4년 까지 교육 과정이 다양하다.

4. 학부모들은 이 같은 중·하위 직업중고등학교의 교육 과정에 만족하는가?

나 역시 학부모다. 아들은 인문계 중고등학교에서도 상위권인 김나지움에 다니지만 딸은 중·하위 직업중고등학교에서도 가장 낮은 단계인 BBL 과정에서 공부한다. 이 사회에는 우리 아들처럼 공부 잘하는 사람도 필요하지만 딸아이가 꿈꾸는 미용사도 필요하지 않은가? 딸아이는 미용사가 되고 싶다며 미용 기술을 익히는 데 열심이다. 나는 원하는 일을 하며 사는 것이 곧 행복이라 생각한다.

내가 이렇게 자녀들의 서로 다른 교육 과정을 잘 받아들이고 있듯 대부분의 학부모도 마찬가지다. 사람은 누구나 재능이 다르며, 그 재능과 능력에 맞게 교육하는 것이 중요하다. 중·하위 직업중고등학교의 교사들은 지적 능력이 낮거나 사회성에 문제가 있는 아이라 할지라도 그 아이의 특성을 파악하기 위해 노력한다. 그리고 그 아이들이 자라 사회에서 제 역할을 할 수 있게 가르친다.

14~15세에 진로를 결정한다

네덜란드 학생들은 십대 중반인 14~15세에 미래에 어떤 일을 하고 살 것인가를 고민하고 진로를 결정한다. 인문계중고등학교와 상위 보통중고등학교의 Klass 3 후반, 즉 한국의 중학교 3학년 2학기의 아이들은 교육부가 전문기간에 의뢰해 만든 적성검사를 받는다. 이 적성검사 결과를 통해 학생들은 자신이 어떤 분야에 흥미를 갖고 있는지, 어떤 직업 분야가 적성에 맞는지 세세히 알게 되며, 앞으로 어떤 학과의 공부를 중점적으로 해야 하는지도 확인할 수 있다.

각 학교 진학 담당교사와 담임교사는 이 적성검사 결과를 염두에 두고 학생 개개인의 성적을 점검한다. 즉, 3년 동안의 학업성취도를 바탕으로 과연 이 학생이 적성에 맞는 공부를 잘해낼 수 있을지 따져보는 것이다. 가령 의예과에 관심이 높은 것으로 나온 학생이라 할지라도 지난 3년간 생물, 수학, 자연 과목의 성적이 형편없이 낮게 나왔다면 의예과로 진학 및 진로를 정하는 것은 무리라고 판단하고, 적성과 학업성취도를 고려한 공부 방향을 조언하는 것이다. 그리고 이 면담 결과를 가지고 최종적으로 교사, 학부모, 학생의 의견을 종합해 공부 방향을 결정한다.

필자의 큰아이는 Klass 3 당시 설문 조사에서 의학이나 자연과학, 법학에 적성이 맞으며 성적을 보아도 어느 쪽으로든 선택이 가능하다는 결과를 받았다. 아이는 우리 부부에게 법학보다는 의학을 더 공부하고 싶다고 했고, 우리는 아이가 원하는 공부를 하라는 조언을 했다. 그래서 큰아이는 다음 학년부터 자연과 건강 분야의 공부를 하기로 방향을 정했다.

이처럼 학생들은 고등학교 1학년인 Klass 4부터 네 가지 분야 중 하나를 선택해 공부하게 된다. 즉, 문과의 C&M$^{Cultuur\&Maatschappij}$(문화와 정치), E&M$^{Economie\&Maatschappij}$(경제와 경영) 그리고 이과의 N&G$^{Natuur\& Gezondheid}$(자연과 건강), N&T$^{Natuur\&Technik}$(자연과 기술)이다.

문과의 C&M은 언어, 예술, 철학, 신학 등에 관심 있는 학생들이 선택하는 분야로 영어를 비롯해 프랑스어, 독일어, 라틴어, 그리스어 등 다양한 언어를 중점적으로 다룬다. E&M은 경제, 회계, 경영, 법학 등에 관심 있는 학생들이 선택하는 분야로 언어 과목을 비롯한 경제, 역사 과목을 심층적으로 다룬다. 이 두 문과 분야를 선택한 학생들은 수학은 기초적인 것만 배우게 되며, 생물과 과학 등 이공계 과목은 선택 사항으로 굳이 공부하지 않아도 된다.

그런가 하면 이과의 N&G는 자연과 건강 관련 학문에 관심 있는 학생들이 선택하는 분야로 장래에 의료계나 생물, 자연과학 관련직에 종사하고자 하는 학생들이 선택한다. N&G를 선택한 학생들은 수학, 생물, 물리 등의 과목을 심도 깊게 배운다. 그 예로 N&G를 선택했던 필자의 큰아이는 생물학 시간에 직접 동물을 해부하며 의학의 기초인 해부학을 배웠다. 마지막으로 이과의 N&T

는 자연, 기술, 건축에 관심이 있는 학생들이 선택하는 분야로 수학, 과학, 기술 과목을 중점적으로 다룬다. N&G와 N&T를 선택한 학생들은 언어, 역사 등 인문학 관련 과목을 학생 본인이 정해 배울 수 있다.

이처럼 네덜란드의 중·고등학생들은 같은 학교를 다녀도 자신이 선택한 분야에 따라 공부하는 과목이 다르고, 분야가 같아도 선택 과목에 차이가 있기 때문에 수업 시간이 제각기 다르다. 네덜란드 학생들은 중·고등학교 Klass 4부터 졸업할 때까지의 3~4년간 각자 미래에 할 일과 관련된 공부를 꾸준히 한다. 자신에게 굳이 필요하지 않거나 관심 없는 분야를 붙잡고 6~7년 동안 공부하는 것은 시간 낭비라고 생각한다. 즉, 공통 과목 수가 많지 않은 데다 학생 스스로 흥미로워하는 과목을 중점적으로 가르치기 때문에 효율적인 교육을 시행할 수 있다.

한국의 인문계 고등학생들도 문과, 이과로 나뉘어 공부를 한다. 이는 언뜻 보면 네덜란드의 교육 제도와 유사한 것 같지만, 문과와 이과의 과목이 크게 다르지 않으며 공통 과목의 난이도가 불필요하게 높다는 차이가 있다. 한국의 고등학생들은 너무도 많은 과목을 힘들게 공부해야 하는 중압감을 안고 산다.

그런가 하면 한국의 실업계 학교와 유사한 네덜란드의 중·하위 직업중고등학교는 Klass 2, 즉 중학교 2학년 때 학생에 진로를 결정하도록 한다. 중·하위 직업중고등학교는 4년제로 2년간 기초

교육을 한 후, 나머지 2년간 각 분야의 전문 교육을 실시한다. 이를 위해 중·하위 직업중고등학교의 학생들은 Klass 1 때 '인간과 직업'이라는 과목을 수강하는데, 이를 통해 다양한 직업 정보를 접한다. 그리고 수많은 직업의 세계 중 어떤 일이 자신에게 맞을지, 자신이 어떤 일을 즐겁게 할 수 있을지를 생각해 공부 분야를 정한다. 이 분야는 크게 기술, 경영, 요양·복지, 농축산업으로 나뉘며 세부적으로 다시 분류된다.

필자는 십 대 중반인 어린 학생들이 공부와 성적에 연연해하지 않고 앞날을 준비하는 모습이 대견하고 부러웠다. 한국의 또래 아이들은 어떠한가? 한국의 아이들은 입시 준비로 학원을 오가며 시험에 치이느라 미래를 고민하고 계획할 여유가 없다. 한국도 네덜란드처럼 학생 개개인의 적성과 능력에 따른 맞춤형 교육이 이루어져야 한다. 대부분의 학생에게 수많은 과목을 똑같이 가르치는 것이나, 적성에 대한 고민이나 장래에 대한 뚜렷한 비전 없이 점수에 맞춰 대학에 가게끔 하는 것은 네덜란드의 교육계에서 볼 때 상당히 비합리적인 진학 지도다.

3개 국어는 기본, 온 국민이 영어 잘한다

네덜란드는 비영어권 국가이지만 국민 대다수가 영어를 잘한다. 대학을 나온 사람들은 거의 완벽하게 영어를 구사하며, 중·하위 직업중고등학교를 나온 사람들도 영어로 의사소통을 하는 데 어려움이 없다. 심지어 노인이나 전업주부도 영어를 포함한 한두 개의 외국어는 기본으로 할 정도다.

이처럼 네덜란드 사람들이 영어를 잘하는 이유는 무엇일까? 사실 필자는 아이들이 네덜란드에서 초등학교에 다닐 때 영어 교육에 불만이 많았다. 5학년이 되어서야 영어를 가르치기 시작하는데다 일주일에 고작 한두 시간, 그것도 담임교사가 인사말, 기초 단어를 가르치는 게 고작이었던 것이다. 그래서 아이들이 제대로 영어를 할 수 있을까 늘 염려하곤 했는데, 아이들이 중·고등학교에 진학한 후 모든 것이 기우였음을 알게 되었다.

네덜란드 사람들이 영어를 잘하는 비결은 다른 데 있지 않다. 원어민 교사가 가르치는 회화 위주의 학교 중심 교육이 바로 그것이다. 네덜란드의 모든 중·고등학교 영어 수업은 영어권 국가 출신 원어민 교사가 맡아 한다. 이들은 대개 네덜란드어를 구사할 줄 안다. 그렇지만 수업은 영어로 진행되며, 특별히 학생들이 이해하기 어려워하는 경우에만 네덜란드어로 설명을 덧붙인다. 수업은 일주일에 세 번 정도 하는데 매 수업마다 과제가 주어진다. 일주일

동안 보통 100~200개 이상의 단어를 암기해야 하고, 문장과 문법을 이해하고 외워야 한다.

영어 수업에서 특히 중시하는 것이 교사와의 일대일 구두시험이다. 저학년 시기에는 배운 내용을 토대로 한 문답식으로 이루어지고, 고학년 시기에는 특정 주제에 대한 토론식으로 진행된다. 교사는 이 구두시험에서 학생의 표현력과 발음, 문법 능력 등을 하나하나 체크한다. 구두시험은 1년에 네 차례 실시되며 중간고사와 기말고사 성적에 반영된다. 또한 일반 암기시험보다 점수 배점이 높다.

학교에서는 이러한 과제와 시험 외에 아이들의 학습 욕구를 높이고 실력을 평가하기 위해 종종 '영어 시장'을 연다. 영어 시장에서는 물건을 사고팔 때 영어로만 이야기할 수 있으며 영어 교사와 선배들이 서서 도우미 역할을 한다. 이곳에서의 영어 실력 역시 체크되어 성적에 반영된다.

또한 학교에서는 실제 언어 사용을 통해 스스로 자신의 수준을 알 수 있도록 학생을 영어권 국가로 캠프를 보내기도 한다. 필자의 두 아이들도 영국으로 2박 3일간 캠프를 갔다. 그때 교사는 학생들을 그룹으로 나눠 각각 주제를 정해주고, 해당 주제에 관해 현지인과 이야기를 나눈 후 리포트를 작성하는 과제를 냈다. 이러한 교육 방법은 비단 영어뿐만이 아니라 다른 외국어를 배울 때도 마찬가지다. 또한 인문계고등학교뿐 아니라 중·하위 직업중고등학교에서도 이와 비슷하게 영어 교육이 진행된다. 다만 그 수준에 다소 차이가 있을 뿐이다. 네덜란드의 중·고등학생들은 이와 같은 교육 과정을 통해 영어는 물론 자신이 배우는 외국어로 막힘없이 회화를 할 수 있다.

네덜란드 사람이라면 남녀노소 누구나 영어를 잘하는 데에는 텔레비전 방송 또한 한몫한다. 네덜란드의 방송사는 외국의 방송 프로그램을 방영할 때 거의 더빙을 하지 않는다. 네덜란드어를 자막으로 처리해 이해를 돕게 함으로써 외국어를 생생하게 접하도록 한다. 이는 영국, 독일, 프랑스 등 인근의 다른 유럽 국가와 다른 점이기도 하다.

자립심이 강한 아이로

네덜란드의 부모들은 아이를 참 강하게 키운다. 한국인의 시선으로는 냉정하다고 느껴질 정도다. 그 예로 통학 수단을 들 수 있다. 네덜란드의 중·고등학생들은 대부분 자전거를 타고 학교를 오간다. 큰 도시를 제외하면 한국에서처럼 마을버스나 시내버스가 많지 않기 때문이다. 그런데 그 거리가 만만치 않다. 자전거를 한 시간 이상 타야 학교에 갈 수 있는 아이들도 많다. 더구나 네덜란드는 비가 자주 내려서 자전거를 타기 번거로운 날이 많고, 겨울에는 세찬 바람 때문에 비를 맞으면 우비를 입고 있어도 몹시 아프다. 그런데도 부모들은 아이들을 차에 태워 학교에 데려다 주지 않는다. 직장에 나가지 않는 날이라 해도 마찬가지다.

한번은 이웃에 사는 네덜란드인 부부에게 "비가 세차게 내리는데 어째서 딸아이가 자전거를 타고 학교에 가도록 내버려두느냐"고 물은 적이 있다. 그러자 그들은 네덜란드에서 비가 오는 것은 예사이며, 자신들이 그렇게 자랐듯 아이들이 혼자 힘으로 학교에 가는 것은 당연한 일이라고 답했다.

이처럼 부모가 아이들에게 냉정하게 대하는 점은 용돈 문제에서도 두드러진다. 네덜란드의 부모들은 정해진 용돈 외에 아이들에게 1유로도 더 주는 법이 없다. 물론 쓰고도 남을 만큼 용돈을 주는 부모는 거의 없다. 아이들은 늘 부족하고 빠듯하게 용돈을 받기 때문에 아르바이트를 통해 필요한 돈을 스스로 버는 경우가 많다. 네덜란드 중·고등학생의 아르바이트 임금은 시간당 2유로 50센트, 원화로 4,000원가량이다. 아이들은 식당에서 설거지를 하거나 마트에서 물건을 정리하고, 하우스에서 오이나 피망을 따는 일 등을 해서 용돈을 번다.

부모들은 경제적으로 넉넉할지라도 자녀가 힘들게 아르바이트를 해서 용돈을 벌도록 놔둔다. 설령 용돈을 버느라 성적이 떨어지더라도 이는 스스로 책임지고 관리해야 할 문제라고 할 뿐 용돈을 더 주려고 하지 않는다. 이를 통해 학생으로서의 본분과 책임감을 강조하는 것이다. 그뿐만 아니라 육체노동을 통해 돈을 버는 것이 얼마나 어려운 일인지 알게 하고, 왜 공부를 열심히 해야 하는지도 자연스럽게 깨닫게 한다.

필자 역시 네덜란드에 살면서 아이들을 강하게 키워야겠다는 생각에 용돈을 정해주었다. 하지만 한국인 어머니의 마음은 어쩔 수 없었는지, 아이들이 간혹 "엄마 2~3유로만 주라. 학교 가다 빵 사 먹으려고"라고 하면 별 생각 없이 선뜻 지갑에서 잔돈을 꺼내주곤 했다. 또 수업을 마치고 지쳐서 돌아온 아이들을 아르바이트 현장으로 보내며 격려할 만큼 강한 어머니가 되질 못했다. 아이들이 중·고등학교를 채 졸업하기 전에 우리 부부는 한국으로 돌아와야 했다. 그 바람에 큰아이는 고등학교 1학년 때부터, 둘째 아이는 중학교 2학년 때부터 부모 없이 네덜란드에서 살아야 했다. 그런데도 두 아이는 불평 없이 자전거를 타고 학교에 다니며, 여느 네덜란드 아이들과 다름없이 씩씩하게 커나갔다. 아이들에게 독립심과 자립심을 자연스레 심어주는 네덜란드의 교육 환경이 고맙기만 했다.

고3 스트레스를 받지 않는 아이들

네덜란드의 중·고등학생들은 졸업시험에 합격해야 졸업도 하고 상급 학교에 진학할 수도 있다. 졸업시험은 모든 학교의 학생들이 치른다. 그러나 한국의 고3 스트레스라는 것이 네덜란드 아이들에게는 거의 없다.

큰아이가 인문계중고등학교의 Klass 6에 올라 졸업시험을 앞두고 있을 무렵, 필자는 힘들어하는 아이들을 위해 네덜란드에 잠시 다시 들어갔었다. 오랜만에 엄마가 해주는 밥을 먹으며 보살핌을 받자 큰아이는 "엄마가 오니까 너무 좋아. 그동안 머리가 너무 아팠거든"이라고 했다. 필자는 속으로 큰아이가 그간 공부하느라 힘이 들었나보다 했다. 그런데 웬걸, 학교에서 돌아온 아이는 한두 시간 공부를 하고 나서 컴퓨터나 기타를 가지고 놀다가 저녁에는 친구를 만나러 나가는 것이었다. 또한 주말에는 테니스 시합이 있다며 나가거나 봉사활동을 하러 다니기도 했다.

필자는 아이가 공부를 열심히 하지 않는 것 같아 "아들아, 도대체 공부를 제대로 하긴 하는 거니? 너 고3 맞니?"라며 잔소리를 하기 시작했다. 그러자 아이는 오히려 필자에게 "엄마, 나 열심히 공부하고 있어. 학교에서 배우고 친구들과 모여 스터디하고, 집에 돌아와 한두 시간 공부하면 충분해. 도대체 지금보다 얼마나 더 해야 열심히 하는 건데?"라며 반문했다. 그러면서 졸업시험을 앞두고 있다고 해서 더 많이 공부할 필요는 없으며, 지금껏 해오던 방식으로 시간을 조절하면 된다고 했다. 한국의 아이들처럼 하루 종일 책상 앞에 앉아 있어야 한다는 생각은 버리라고도 했다. 네덜란드에서는 네덜란드식으로 하면 된다는 것이었다.

걱정스러운 마음을 쉽게 놓지 못하는 필자에게 아이는, 자신의 친구 중에는 일주일에 사흘 이상 슈퍼에서 아르바이트를 하는 아이도 있다고 했다. 중요한 시험을 코앞에 두고 용돈을 벌기 위해 아르바이트를 한다는 것이 필자로서는 납득이 되질 않았다. 하지만 큰아이는 친구들 사이에서 그런 경우는 흔하다고 했다.

네덜란드의 고3 학생들은 한국의 학생들처럼 공부를 하기 위해 도서관을 찾아가지 않는다. 그저 쉬는 시간에 들러 컴퓨터를 사용하거나 책을 찾아 읽을 뿐, 방과 후에 남아서 시험공부를 하는 학생은 거의 없다. 그렇다고 해서 네덜란드의 고3 학생들이 공부를 설렁설렁 하는 것은 아니다. 공부를 하는 방법이 한국 학생들과 다를 뿐이다. 네덜란드의 아이들은 친구들과 모여 토론식으로 공부하며 문제를 푸는 방법을 공유한다. 이들에게 친구들은 경쟁 상대가 아니다.

네덜란드의 고3 학생들은 하루 종일 책과 씨름하지 않는다. 학교에서 공부하고 집에 돌아와 두세 시간 공부하는 것이 전부다. 나머지 시간은 그야말로 자유다. 노래를 듣거나, 악기를 배우거나, 밴드 연습을 하면서 각자의 취미를 즐긴다. 고3이 되었다고 해서

이전의 생활 패턴을 바꾸지 않는다. 물론 졸업시험에 대한 부담감
은 아이들에게 존재한다. 그러나 한국의 아이들처럼 중압감을 느
끼거나 스트레스를 받을 정도는 아니다.

그도 그럴 것이 졸업시험은 합격·불합격을 가려 자격증을 취득
하는 방식이다. 학생은 본인이 택한 프로필에 한해 6~8과목의 졸
업시험을 보게 되는데, 그간의 중간·기말고사 점수를 합산해 평균
을 낸 점수가 각 과목당 10점 만점에 6점 이상이면 합격이다(한 과
목이라도 낙제하면 불합격이다). 따라서 평소 시험을 잘 치른 경우
졸업시험에 대한 부담이 상대적으로 덜하다. 또한 낙제점을 받은
과목은 재시험을 볼 수 있다. 이런 까닭에 학생들은 졸업시험을 앞
두었다고 해서 스트레스에 시달리거나, 갑자기 공부를 몰아 하느
라 열을 올리지 않는다.

인문계중고등학교 졸업시험은 응시자의 90퍼센트 이상이 합격
을 한다. 그런데 대부분의 학생이 통과한다고 해서 결코 시험이 쉬
운 것은 아니다. 인문계중고등학교의 졸업시험은 3주에 걸쳐 치러
진다. 큰아이의 경우 여섯 과목을 사흘에 하나 꼴로 간격을 두고
시험을 보았는데, 과목당 시험 시간은 세 시간이었으며 Klass 4~6
에서 배운 내용을 토대로 논술 유형의 답안을 요구했다고 했다.

졸업시험 첫날, 큰아이가 네덜란드어 시험을 보고 시험지를 가
지고 와 문제가 너무 어려운 데다 학교에서 가르친 것과 전혀 상관
없는 상식 문제가 나왔다며 불만을 토로했다. 영어는 한국에서 대

학을 졸업한 필자가 보기에도 풀기 힘들 정도로 어려웠고, 생물, 화학 등의 과목 시험도 상당히 까다로웠다. 아이들이 졸업시험에서 6점을 받고도 기뻐한다는 이유를 충분히 알 만했다.

졸업시험 탈락자를 위한 구제 교육

졸업시험에 통과하지 못한 네덜란드의 중·고등학교 학생들은 어떻게 되는 걸까? 졸업시험 합격증은 곧 졸업장을 의미한다. 이 합격증이 없으면 할 수 있는 일이 많지 않다. 중·고등학교 졸업을 하지 못한 것이기 때문에 학문을 연구할 수 있는 대학에 입학할 수도 없고, 직업전문대에 들어갈 수도 없다. 그래서 네덜란드 교육당국은 졸업시험에서 탈락한 학생들을 구제하기 위한 교육에 신경을 많이 쓴다.

네덜란드 중앙통계청 자료에 따르면 2005~2006년 인문계중고등학교의 졸업시험 합격률은 평균 94퍼센트였으나, 2008~2009년에는 91퍼센트로 탈락자가 점차 증가하고 있다. 이는 상위 보통중고등학교와 중·하위 직업중고등학교에서도 마찬가지다. 과거에는 합격점을 받지 못한 과목에 한해 얼마든지 재시험이 가능했으나, 2011학년부터는 한 과목만 재시험이 가능하도록 제도가 바뀌었다. 따라서 두 과목 이상에서 낙제한 학생들은 어쩔 수 없이 1년 더 공부해서 졸업시험을 치러야 한다.

각 학교의 교사들은 졸업시험에서 합격증을 받지 못한 학생들의 면담을 진행해, 전 과목에서 낙제점을 받은 학생은 유급을 시키고 서너 과목 이하에서 낙제점을 받은 학생은 다른 교육 기관에서 해당 과목만 집중적으로 공부할 수 있도록 배려한다. 이 학생들이 가게 되는 집중 교육 기관이 바로 VAVO^{Voorgezet algemeen Volwassen en Onderwijs}다.

중·고등학교에서 졸업시험에 통과하지 못한 학생들은 VAVO에서 부족한 과목에 한해 특별 지도를 받는다. 등록금은 1년간 약 7,000유로가 드는데, 대개 학생의 해당 중·고등학교에서 이 비용을 대준다. 따라서 학생들은 학비 걱정 없이 자신과 같은 처지에 놓인 친구들과 함께 열심히 공부해 졸업시험에 재도전하게 된다.

한국에서는 대학수학능력시험에서 낮은 점수를 받아 대학에 진학하지 못한 학생들을 위한 별도의 방안을 마련하고 있지 않다. 재수를 하는 것은 순전히 학생 탓으로 학생 스스로 입시 학원에 찾아가 많은 돈을 들여가며 공부해야 한다. 여기에 드는 비용과 과정은 순전히 학부모와 학생이 책임져야 할 몫이다.

이에 반해 네덜란드에서는 졸업시험에서 탈락의 고배를 마신 학생들이 다시 의욕을 갖고 공부할 수 있도록 적극적으로 돕고 있다. 뒤처지는 학생들을 포기하지 않는 교육, 실패와 어려움을 딛고 사회에 나아가 당당한 구성원으로 거듭날 수 있게 하는 교육, 이러한 교육이야말로 모든 사람에게 혜택을 주는 참교육이 아닐까?

학업 스트레스는 학교가 풀어준다

방과 후 집에 돌아온 필자의 아이들은 가끔 "공부 때문에 스트레스가 쌓인다"며 응석을 부리곤 했다. 그러면 필자는 "야간 학습도 없고 학원도 안 다니면서 엄살 부리지 마라"며 되받아치곤 했다. 그렇지만 대학 수준의 교과서에 각 과목마다 과제와 쪽지시험이 많아, 아이들 스스로 해야 할 공부가 산더미 같았던 것이 사실이다. 유급을 당하지 않고 진학을 하려면 자기 관리를 잘해야 하니 아이들의 학업 스트레스는 적지 않았다.

그래서 네덜란드의 중·고등학교에서는 아이들의 학업 스트레스를 풀어주기 위해 1년에 두 번 특별한 자리를 마련한다. 바로 디스코 파티다. 이날 아이들은 한껏 멋을 내고 학교에 간다. 학교 강당은 화려한 조명으로 꾸며진 디스코장으로 변하고, 사전에 섭외된 전문 디제이가 흥을 돋운다. 물론 술을 반입하거나 음주를 한 후 출입할 수는 없다. 디스코 파티는 보통 금요일 저녁에 열리는데 아이들은 신나게 춤을 추며 그간 쌓였던 스트레스를 풀며 새벽

까지 신나게 논다.

학생들을 위해 놀이 공간을 마련하는 것은 시 차원에서 이루어지기도 한다. 학교에서 여는 디스코 파티는 Klass 4 이상인 고학년을 대상으로 하기 때문에, Klass 1~3에 속하는 저학년 아이들을 위해 상업적 디스코 파티장을 1년에 두 번 통째로 빌려 공개하는 것이다. 네덜란드는 이처럼 청소년들을 위해 학교와 국가가 나서 학업 스트레스를 해소할 수 있는 장을 마련해준다.

그런가 하면 중·고등학교 졸업시험을 앞둔 학생들에게는 특별한 축제가 마련된다. 어느 날 큰아이가 축제에 간다며 들떠 있기에 "졸업시험이 열흘 남았는데 무슨 축제에 가느냐"고 화들짝 놀라 물었더니, "고3에게만 주어지는 특별한 축제야. 그리고 시험은 시험이고 축제는 축제야"라고 하는 것이 아닌가. 큰아이가 말한 고3만의 특별한 축제는 바로 갈라 축제였다. 갈라 축제는 졸업 후 대학생이 되거나 사회의 일터로 나가게 되는 아이들이 석별의 정을 나누고 성인이 되는 것을 자축하기 위해 치러진다.

그런 만큼 이날 아이들의 옷차림은 화려하고 제법 어른스럽다. 청바지와 티셔츠를 입던 아이들이 양복에 넥타이, 드레스에 하이힐을 신고 모여든다. 또한 이날의 학교 앞은 영화제 시상식장을 방불케 한다. 아이들은 리무진이나 마차를 빌려 타고 와 정문 앞에 깔린 레드카펫을 밟으며 입장하기도 하고, 양복과 드레스를 입은 채 잔디 깎는 기계를 타고 등장하기도 한다. 이렇듯 갈라 축제는 아이들만의 재기발랄한 아이디어로 꾸며지는 축제이자 쇼다. 아이들은 연회장으로 변한 세미나장, 토론장, 강당 등에 모여 춤을 추고 대화를 하며 앞날에 대해 밤새 허심탄회하게 이야기를 나눈다.

갈라 축제가 있던 날 큰아이는 새벽 3시가 지나서야 집으로 돌아왔다. 학교에서 친구들과 신나게 논 후 남자아이들과 함께 여자아이들을 집에 데려다주고 왔다고 했다. 한국의 고3 학생들에게도 이러한 건전한 축제가 있다면 얼마나 좋을까? 두 나라의 문화가 달라 어려운 일일까?

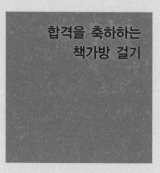

합격을 축하하는
책가방 걸기

네덜란드에서는 해마다 6월이 되면 재미있는 광경을 볼 수 있다. 대문 앞에 책가방이 걸려 있는 집들이 골목골목 눈에 띄는 것이다. 처음에는 "왜 집 앞에 책가방을 걸어놓았지?" 하고 의아해했지만, 그 의미를 알고 나니 고개가 절로 끄덕여졌다. 집 앞에 책가방을 걸어놓은 것은 그 집의 아이가 졸업시험에 합격했다는 뜻이었다. 네덜란드의 중·고등학교 재학 기간은 인문계중고등학교가 6년, 상위 보통중고등학교는 5년, 중·하위 직업중고등학교는 4년이다. 이 기간 동안 열심히 공부를 하고 졸업을 하게 된 아이를 이웃 사람들과 함께 칭찬하고 축하하기 위해 부모들은 아이의 책가방을 밖에 내다 건다.

네덜란드의 중·고등학교는 같은 해에 입학을 했다고 해서 모든 학생이 동시에 졸업하지 않는다. 유급을 해서 남들보다 1~2년 늦게 졸업하는 학생이 적지 않다. 그러니 네덜란드 사람들에게 아이의 졸업은 축하할 만한 일이 된다. 더구나 중·하위 직업중고등학교를 졸업한 아이들은 이론 공부와 실무 경험을 병행하며 어렵게 합격증을 딴 것이기 때문에 어른들은 이에 대한 수고에 격려를 아끼지 않는다. 책가방을 집 앞에 거는 데는 학생 스스로 자신을 독려하는 뜻도 있다. 네덜란드의 초등학교 아이들은 책가방이 필요 없기 때문에 아이들은 중·고등학교에 올라가

서야 자신의 첫 책가방을 갖게 된다. 그리고 대부분은 이 책가방을 졸업할 때까지 쓴다. 그러니 너덜너덜해진 책가방은 중·고등학교 재학 시절 내내 동고동락한 의미 있는 물건이 된다. 이 자랑스러운 책가방을 집 앞에 높이 내걸다니, 참으로 재미있는 광경이 아닌가? 집집마다 내걸린 이 책가방들은 앞으로 대학, 전문대학 또는 일터로 나갈 주인들의 미래를 향해 힘찬 박수를 보내주는 것이다.

자전거는
친구이자 발

네덜란드에서는 세 살짜리 아이부터 노인까지 자전거를 타고 다니는 모습을 쉽게 볼 수 있다. 또한 자전거 하나면 온 나라를 여행할 수 있을 정도로 자전거도로가 잘 깔려 있고, 도로교통법상 차가 자전거에게 우선 양보하도록 되어 있다. 그 외에도 자전거 기반 시설이 워낙 잘 되어 있어 차보다 자전거를 이동수단으로 사용하는 것이 더 편하다.

그래서 수많은 학생이 통학 수단으로 자전거를 이용한다. 심지어 학교에서 단체로 한 시간 거리 내의 박물관이나 도서관, 수영장 등에 갈 때도 버스를 대절하지 않고 학생들 각자 자전거를 타고 이동하게 한다. 그러니 자전거를 탈 줄 모르면 어찌 되겠는가!

네덜란드 부모들은 자녀가 세 살이 되면 자연스레 자전거 타는 법을 가르친다. 재미있는 것은 자전거에 커다란 깃발을 달아주어 아이가 지금 자전거를 배우는 중이라는 표시를 한다. 자전거 타기에 서툰 아이를 배려해달라는 뜻이다. 봄철 자전거도로에서는 어린 자녀를 데리고 나와 자전거 타는 법을 가르치는 부모들의 모습을 흔히 볼 수 있다.

이렇듯 네덜란드 사람들은 어릴 때부터 자전거 타기를 시작해 할아버지, 할머니

가 될 때까지 60여 년 이상 자전거와 함께 살아간다. 나이가 지긋한 어르신들이 여유롭게 자전거를 타며 시가지를 활보하는 모습은 너무도 아름다운 풍경이다. 자전거가 생활필수품이다 보니 검약하기로 유명한 네덜란드 사람들이지만 자전거에는 선뜻 돈을 투자한다. 어른들은 두고두고 오래 쓸 것이기 때문에 대개 품질이 좋은 고가의 자전거를 산다. 아이들은 성장해가면서 자전거 크기를 바꾸어야 하기 때문에 중고 자전거를 사서 타게 하다가 되파는 경우가 많다.

네덜란드의 날씨는 자전거를 타기에 그리 적합하지 않은 편이다. 날씨 변화가 심하고 비바람이 부는 날이 많은 탓이다. 그런데도 네덜란드 부모들은 비가 온다고 해서 아이들을 차에 태워 학교에 바래다주지 않는다. 눈이 오나 비가 오나 아이들 스스로 알아서 다녀야 한다. 네덜란드에서 살아가려면 적응해야 하는 당연한 문제이기 때문이다. 이러한 그들에게 자전거는 취미용품도 운동용품도 아니다. 그들의 친구이자 발이나 마찬가지다.

06
대학
입학은 쉬워도 졸업은 힘든 곳

대학 입학 쉽다

네덜란드에서 대학에 입학하려면 졸업시험 합격증만 있으면 된다. 별도의 입학시험을 보거나 대학에서 별도로 추가 시험을 치르지 않는다. 물론 중·고등학교에서 어떤 분야의 공부를 했는지에 관해 전제 조건을 다는 학과도 있다. 가령 경영학과는 중·고등학교에서 E&M^{경영과 기업} 과정을 마친 학생이어야 지원할 수 있으며, 문과대학은 C&M^{문화와 인간} 이수를 필수 조건으로 단다.

네덜란드의 대학 진학 시스템은 한국과 상당히 다르다. 한국의 고3 학생들은 11월에 수능을 치른 후, 대개 점수에 맞춰 대학과 학과를 정한다. 반면 네덜란드의 고3 학생들은 5월 중순에 졸업시험을 치르는데, 진학하게 될 대학과 학과를 시험 보기 3~5개월 전에 미리 결정하는 게 일반적이다. 학생들은 졸업시험 전에 국가가 운영하는 'Studielink 대학공부사이트'에 접속해 입학하고자 하는 학교와 학과를 선택, 지원한다. 따로 대학에 입학원서를 낼 필요가 없다. 또한 대부분의 학생은 한 곳에만 지원한다. 의예과나 법학과처럼 추첨을 통해 학생을 선발하는 학과를 제외하고는 어느 곳에든 자동 합격되기 때문이다.

네덜란드의 학생들은 대부분 자신이 원하는 대학과 학과에 진학한다. 학문연구중심대학에 진학하려는 학생은 전체에서 15퍼센트에 불과하고, 상위 직업전문대에 진학하려는 학생은 25퍼센트, 나머지 60퍼센트는 중·하위 직업전문대에 들어가기 때문이다. 추첨을 실시하는 일부 인기 학과를 제외하고는 경쟁이 거의 없다고 보면 된다.

한국인의 시각으로는 졸업시험 합격증만 가지고 원하는 대학에 쉽게 들어갈 수 있다는 것이 어떻게 가능한지 의아할 것이다. 이러한 대학 입학 시스템이 가능한 것은 앞서 소개한 대로 14~15세에 미리 진로를 결정하고 공부할 분야를 정하기 때문이다. 아이들은 특정 분야의 공부를 계속하면서 어떤 공부를 계속해야 할지, 어떤 직업을 가질 것인지 구체적인 상을 그려나간다. 따라서 대학 진학을 앞두고 전공 학과를 정하지 못해 갈팡질팡하지 않게 된다.

각 대학 역시 학생들의 진학 결정에 도움을 주고 있다. 네덜란드 대학의 신입생 유치 경쟁은 학생들이 졸업하기 1년 전, 즉 고등학교 2학년이 된 아이들을 대상으로 시작된다. 각 대학은 졸업을 앞두고 있는 학생들을 초청해 학과 설명회를 여는데, 이를 통해 학생들이 대학과 학과를 신중히 알아보고 선택할 수 있는 시간을 준다. 'open dag'을 통해 학생들의 고민과 궁금증을 풀어줌으로써 진로를 정하는 데 도움을 주는가 하면, 신청을 받아 일일 수업 체험 기회도 제공한다.

한국에서는 수능시험을 본 후 짧은 시간 내에 성적에 맞춰 대학과 학과를 선택하다보니, 학생들이 바라던 곳으로 진학하기가 쉽지 않다. 성적이 우수한 일부 학생들만 대학과 학과 선택이 자유롭고, 나머지 학생들은 점수에 맞추다보니 장래 희망이나 하고 싶은 공부는 뒷전으로 밀릴 수밖에 없는 것이다.

이렇듯 대다수 학생들이 울며 겨자 먹기 식으로 대학에 진학하니 한국의 대학은 학문의 전당이 아닌 취업 학원으로 전락하는 경우가 허다하다. 그러나 네덜란드의 학생들은 대학에 들어가기 3~4년 전부터 관심 있는 분야를 공부하며 진로를 준비하기 때문에 대학에 가서 뒤늦게 자신의 결정을 후회하는 경우가 적다. 여기에 졸업시험 합격증만 있으면 누구나 대학에 갈 수 있는 까닭에 경쟁이 없어 대학 입학이 쉽다. 하지만 네덜란드 대학은 입학이 쉬운 만큼 졸업은 어려운 곳이다. 이에 대해서는 뒤에서 다시 이야기하도록 하겠다.

대학 원서비 제로

네덜란드의 학부모와 학생 들은 대학 지원서를 작성할 때 한국에서처럼 원서비 걱정을 하지 않는다. 오히려 원서비가 있다는 것을 상상조차 하지 못한다. 네덜란드의 대학은 한국의 대학과 달리 입시에 관여할 수 없으며 학생 선발권도 없다. 모두 국가 예산으로 운영되기 때문이다.

큰아이가 암스테르담 자유대학교 의예과에 지원한다고 했을 때 필자는 대학교에 직접 원서를 내러 가야 하는 줄로 알았다. 그런데 그게 아니었다. 큰아이는 컴퓨터 앞에 앉아 Studielink에 접속하더니 곧이어 지원을 끝냈다고 했다. Studielink는 국가가 운영하는 웹사이트로 이곳에 접속하려면 먼저 개인 고유번호를 국가로부터 받아야 한다. 이 고유번호를 입력해 Studielink에서 학교와 학과를 선택하는 것으로 대학 지원 절차는 끝난다.

큰아이가 이렇듯 간단히 대학 지원을 하는 것을 보고 필자는 아이에게 한국에서는 대학에 지원할 때 각 대학마다 서류 전형료가

10만 원 가까이 들어간다고 말해주었다. 그리고 학생 대다수가 어느 학교에 합격될지 몰라 3~5곳에 복수 지원하기 때문에 이 비용이 30~50만 원가량 든다고 했다. 그러자 큰아이는 이해할 수 없다는 표정으로 "대학에 지원하는데 왜 돈을 내야 해? 그럼 그 대학에 합격하지 못하면 돈을 돌려줘?"라고 물었다. 네덜란드에서 초·중·고등학교를 나온 큰아이로서는 당연히 이해가 되지 않는 일일 것이다.

네덜란드에서는 국가에서 마련한 웹사이트에서 대학 입학 신청이 끝나기 때문에 원서비라는 것을 생각할 필요가 없다. 지원을 마치면 학생관리 총본부인 DUO가 전체 학생들의 서류를 검토해 학생과 대학을 연결해준다. 각 대학은 새 학기가 시작하기 전, 지원한 학생들에게 필요한 서류를 제출하도록 요청하는데 이로써 입학 절차는 모두 끝난다.

필자의 큰아이는 자유대학교 의예과에 지원했으나 추첨에서 떨어져 두 번째로 지망한 법학과에 들어가게 되었다. 법학과가 메일을 통해 요청한 서류는 중·고등학교 졸업 증명서와 외국인 신분을 입증할 비자뿐이었다. 네덜란드에서의 대학 입학 절차는 이처럼 아주 간단하다.

인기 학과는 추첨으로 합격을 결정한다

네덜란드 역시 의·치의예과, 법학과 등 일부 학과는 한국과 마찬가지로 수험생들에게 인기가 많다. 의사, 변호사 등은 네덜란드에서도 선호하는 직업이기 때문이다.

지원자가 많고 경쟁이 심한 학과의 학생 선발 문제는 성적순으로 학생을 뽑는 것이 가장 효율적인 해결책이라고 생각하는 게 일반적일 것이다. 하지만 네덜란드는 그렇게 간단한 방법을 두고 '추첨 Loting'이라는 다소 색다른 제도를 적용하고 있다. 인문계중고등학교를 졸업한 학생이라면 누구나 원하는 학과에 입학할 자격이 있다고 생각하기 때문이다. 다만 고학년인 klass 4~6까지의 성적과 졸업시험 성적을 종합한 점수에 따라 그룹을 나눠 추첨 비율에 차등을 두긴 한다.

추첨 그룹은 총 5개로, 점수대에 따라 A(8점 이상), B(8~7.5점), C(7.5~7점), D(7~6.5점), E(6.5~6점)로 분류된다. 여기서 A 그룹에 속하면 추첨 없이 진학이 가능하지만, 이 그룹에 속하는 학생은 극히 드물다. 평균 성적이 8점이 넘는다는 것은 아주 어려운 일이기 때문이다. 나머지 4개 그룹은 순차적으로 추첨 비율이 작아진다. 즉, 성적이 낮은 E 그룹보다는 성적이 높은 B 그룹에서 더 많은 학생을 선발하는 것이다. 그러나 비율이 다를 뿐 앞 그룹에서부터 선발인원을 채워나가는 것이 아니기 때문에 7.5점을 받고도 떨어지는 학생이 있는 반면, 6점을 받고도 합격하는 학생이 있다.

네덜란드 전체 대학의 의·치의예과 모집 정원은 2,850명인데 지원자는 매년 8,000명이 넘는다고 한다. 그래서 네덜란드에서는 의·치의예과에 합격하면 행운을 잡았다고 말하곤 한다. 합격률을 높이기 위해 여러 대학의 의·치의예과에 중복 지원하면 되지 않을까 싶지만 그럴 수는 없다. 추점으로 학생을 선발하는 학과는 단한 곳만 지원할 수 있다. 따라서 추점에서 떨어지면 그해에는 의대에 진학할 수가 없다. 네덜란드의 입학 관리는 각 대학이 아닌 국가 기관인 DUO가 통제하기 때문에 혼선이 일어나지 않는다. 따라서 의·치의예과를 지원하는 학생들은 추점에서 탈락할 것을 대비해 제2지망으로 다른 과를 지원하게 된다. 제1지망인 의·치의예과에 떨어지면 제2지망으로 선택한 학과는 자동 합격되기 때문에 대학에 들어가지 못할까봐 걱정할 필요가 없다.

물론 다른 학과 공부를 하다 중단하고 다음 해에 다시 의·치의예과에 지원하는 학생도 적지 않다. 인문계중고등학교를 졸업한 학생 중 의·치의예과 진학에 필수 요건인 N&G 분야를 공부한 학생이라면 누구나 해마다 의·치의예과에 입학할 자격이 주어지기 때문이다.

네덜란드에서는 유일하게 의·치의예과만이 입시 경쟁률이 치열하다. 하지만 운이 좋아 의대에 진학했다고 해서 모두 의사가 되지는 못한다. 의·치의예과 1학년을 다니는 학생 중 상당수가 낙제를 하기 때문이다. 그래서 거듭 추첨에서 떨어진 학생이 또다시 의·치의예과에 지원하는 경우는 많지 않다.

그런데 이와 같은 추첨식 입학 제도를 두고 오랫동안 문제가 제기되어왔다. 의·치의예과를 간절히 들어가고 싶어 하는데 번번이 탈락되는 학생들 때문이다. 따라서 앞으로는 성적과 함께 지원 동기를 고려해 학생을 선발할 예정이어서 지금처럼 운으로 의대에 입학하는 경우는 드물어질 것으로 보인다.

세계가 인정하는 경쟁력 있는 대학

네덜란드에서 대학이라 하면 'Research University', 즉 학문연구중심대학인 WO를 이른다. 이러한 학문연구중심대학은 암스테르담 자유대학교와 흐로닝언 대학교^{Universiteit Groningen} 등 총 열네 개에 불과하다. 이 중에는 공과대학이 셋, 농업대학이 하나, 원격대학^{Open University}(원거리 교육을 시행하는 개방대학) 하나가 포함되어 있다.

이들 네덜란드 대학의 경쟁력은 세계 상위에 속한다. 입학 과정이 쉽다고 해서 대학의 수준이나 경쟁력이 낮을 것이라 생각한다면 오산이다. 미국의 시사주간지 《뉴스위크^{Newsweek}》가 2008년 발표한 세계 100대 대학 순위를 보면 델프트 공과대학교^{Technisc} Universiteit Delft, 암스테르담 대학교^{Universiteit van Amsterdam}를 비롯한 네 덜란드의 다섯 개 대학이 순위에 올랐지만, 한국의 대학은 단 한 곳도 순위에 오르지 못했다. 또한 영국의 글로벌 대학평가 기관인 QS^{Quacquarelli Symonds}가 발표한 2010년 세계 대학 순위에서는 네덜 란드의 열네 개 대학 중 무려 열두 개 대학이 상위 200위에 속하기 도 했다. 이는 네덜란드 대학의 대다수가 세계가 인정하는 수준 높 은 학문을 자랑하고 있음을 입증하는 결과다.

이처럼 네덜란드의 대학들이 세계 유수의 교육 기관으로 손꼽 히는 이유는 무엇일까? 네덜란드 교육의 기초는 양방향 교수법에 있다. 이는 교수와 학생이 자유롭게 학문을 논하는 수용자 중심의 토론식 수업 방법이다. 네덜란드의 대학에서는 초·중·고등학교 의 수업이 그러했듯 자율적이자 자기주도적인 학습을 통해 학생 스스로 문제를 분석하고 해결하도록 훈련시킨다. 따라서 대학생 들은 입학하자마자 그룹별로 모여 과제를 연구하고, 토론을 통해 리포트를 작성하는 데 많은 노력을 기울여야 한다. 암스테르담 자 유대학교 법학과 2학년에 재학 중인 필자의 큰아이도 15명가량의 학우들과 정기적인 스터디 모임을 가지고 있다. 아이들은 교수로 부터 과제물을 받아 읽고 토론을 거친 뒤, 교수와 만나 과제에 관한 각자의 견해를 피력하는 방식으로 공부를 하고 있다.

이와 같은 분석·토론 위주의 교수법과 더불어 대학의 석·박사 과정이 대학 내 연구소 및 기업 등 산하 기관과 잘 연계되어 있어 세계적으로 주목 받는 연구 논문들이 다수 발표되고 있다. 특히 농학, 토목공학, 의학 분야 연구는 세계 으뜸이라 할 수 있다. 아울러 네덜란드의 대학은 학문 중심, 연구 위주의 훈련을 시키기 때문에 졸업생 대다수가 연구소나 병원, 국가 기관 등 전문직종의 고위직으로 나가게 된다.

네덜란드의 열네 개 대학은 규모가 다양하여, 학생 수가 적게는 6,000여 명 많게는 3만여 명에 이른다. 이 가운데 외국인 학생은 15퍼센트로 독일인이 가장 많고 그다음이 중국인, 벨기에인, 프랑스인 순이다. 학사 과정은 3년(6학기) 동안 총 180학점을 이수해야 졸업이 가능하다. 학사 학위는 인문사회 학사Bachelor of Arts: BA와 자연과학 학사Bachelor of Science: BSc로 나뉜다. 석사 과정은 1~3년(2~6학기)으로 학과에 따라 기간의 차이가 있으며, 이수 학점도 60, 120, 180학점으로 각각 다르다. 예를 들어 인문학이나 역사학 분야는 1년 동안 60학점을 이수해야 하고, 기술·자연과학·치의학 분야는 2년간 120학점, 의학과 약학 분야는 3년간 180점을 이수해야 한다. 석사 학위는 인문사회 석사Master of Arts: MA와 자연과학 석사Master of Science: MSc로 구분된다. 박사 학위는 학문중심연구대학에서만 딸 수 있다(상위 직업전문대에서는 석사 과정까지만 공부할 수 있다).

네덜란드의 대학에 유학을 간 경우 영어로 공부하면 1년치 등록금이 8,000~9,000유로에 달하지만, 네덜란드어로 공부하면 2,000

유로 미만이다. 하지만 외국인이 단기간에 네덜란드어를 익혀 저렴한 비용으로 대학을 다니기란 쉽지 않다.

서열 없는 대학

네덜란드의 대학으로 진학하고자 하는 한국의 학생들이 필자에게 가장 많이 하는 질문은 그 대학이 네덜란드에서 몇 순위에 드느냐, 어느 정도 급에 속하느냐는 것이다. 하지만 이러한 질문은 한국인의 시각에서나 풀이가 가능한 것이다. 네덜란드 사람들은 이 같은 질문을 이해하지 못한다. 오히려 대학에 무슨 서열이 있느냐며 반문할 것이다. 한국의 서울대학교, 연세대학교, 고려대학교 같은 소위 '명문대'라는 개념이 그들에게는 없다. 네덜란드의 대학은 모두 국립이다. 국가가 세웠고 국가가 재정을 지원·관리하는 평등한 학교다.

단, 네덜란드의 대학은 서열이 없는 대신 일부 학과에 따른 대학 선호도가 존재한다. 가령 공과는 델프트 공과대학교가 잘 알려져 있고, 인문학과는 레이던 대학교Universiteit Leiden, 법학과와 역사학과는 암스테르담 자유대학교, 심리학과는 흐로닝언 대학교, 영화학과 등 예술 관련 학과는 암스테르담 대학교, 농업 관련 학과는 바헤닝언 대학교 Landbouw Universiteit wageningen 등이 유명하다. 따라서 자신이 전공할 분야의 학과가 유명한 대학으로 진학하려는 학생이 많다.

이렇듯 전공 분야에 의해 대학 선호도가 달라지는 이유는 각 대학에 모든 학과가 개설되어 있지 않기 때문이다. 즉, 대학마다 주력하는 학문 분야가 다르다. 따라서 네덜란드의 학생들은 막연히 간판만을 보고 대학에 가는 경우가 거의 없다. 앞으로 어떤 분야의 학문을 공부할지 먼저 정하고, 그러한 공부를 할 수 있는 학과를 선택한 후 해당 학과를 개설한 대학을 찾아가는 식이다.

또한 같은 학과라 해도 대학마다 중점을 두는 분야가 세부적으로 다르기 때문에, 이에 대한 고려도 대학 선택에 중요하게 작용한다. 가령 의학 분야만 보더라도 암스테르담 자유대학교에는 환자와의 대화 능력과 상담 능력을 높이기 위한 상담심리 과목이 개설되어 있고, 암 전문센터가 있어 이 분야에 관심 있는 학생들의 지원이 많다. 그런가 하면 암스테르담 대학교에는 의료서비스 차원의 환자 요양과 복지 부분을 더욱 깊이 가르친다. 학생들은 이러한 점을 염두에 두고, 석사나 박사 과정까지 진학할 것을 생각해 자신이 원하는 분야의 학업을 할 수 있는 대학을 선택한다.

이와 같이 네덜란드의 대학은 서열이 존재하지 않고, 학과의 교수진이나 학문적인 권위 등이 신입생 유치에 큰 역할을 하고 있다. 한국의 학생들도 대학을 선택하는 기준을 이처럼 바꾸어야 한다.

이를 위해서는 대학별 특성화가 먼저 이루어져야 한다. 모든 대학이 모든 학과를 개설해 우수한 성과를 내기란 어려운 일이다. 농업 지역에서는 농업 관련 학과를 육성시킨 대학이 자리를 잡고, 기술·산업 도시에서는 대학이 이와 관련된 학과를 세부적으로 개설해 전문화시켜야 한다. 지금처럼 대학이 서열화되어 특정 대도시에만 집중되어 있는 것은 사회적으로 심각한 문제를 일으킬 수밖에 없다.

네덜란드의 대학은 도시 전체에 골고루 퍼져 있다. 또한 자국민뿐 아니라 외국인까지 네덜란드의 대학에서 공부하기 위해 각 도시의 대학에 찾아든다. 그 예로 바헤닝언 지역에 위치한 바헤닝언 대학교는 농업연구 분야에서 전 세계 3위 안에 드는 명문대학으로, 이곳에는 50여 개 국가의 학생들이 모여 농업과 생명과학 분야를 공부하며 연구하고 있다.

입학은 쉽고 졸업은 어렵고

네덜란드의 대학은 졸업하기가 정말 어렵다. 졸업은커녕 1학년 과정을 통과하기도 수월하지가 않다. 한국의 대학 신입생들은 주로 교양과목을 통해 기초적인 학문을 익힐 뿐 전공과목은 그리 많이 배우지 않는다. 하지만 네덜란드의 대학 신입생은 10개나 되는 전공과목을 공부해야 한다. 그러니 신입생들은 엄청난 학업량에 자연스레 공부벌레가 될 수밖에 없다. 필자의 큰아이 역시 대학 1학년 때 공부하기가 너무 벅차다며 종종 하소연을 했다. 각 과목마다 전공 서적 외에 읽어야 할 책이 많은 데다, 리포트 과제도 상당하다는 것이다.

네덜란드의 대학은 기본 3년 과정으로 6학기 안에 180학점을 이수하도록 되어 있다. 즉, 각 학년마다 60학점, 과목당 6학점이니 총 10개 과목을 수강해야 한다. 또한 각 과목당 10점 만점에 5.5점 이상을 받아야 60학점을 딸 수 있다. 5.5점 받기가 뭐 그리 어려울까 싶지만, 네덜란드 대학에서 점수 얻기란 결코 쉽지가 않다. 중·고등학교의 낙제점이 6점인 데 비해 대학의 낙제점이 5.5인 것은 그만큼 낙제하는 학생이 많다는 이야기이기도 하다.

그러한 까닭에 네덜란드의 대학은 1학년 과정에서 60학점을 채워 통과한 학생들에게 특별한 자격증을 준다. 바로 'Propedeuse Diploma', 줄여서 'P' 자격증이라 불리는 것이다. P 자격증은 학위로 인정되는 것은 아니지만, 교수들로부터 학문 연구의 자질이 있음을 인정받았다는 데 의의가 있다. 즉, 이 자격증은 신입생의 학문적 능력을 평가하는 잣대가 되는 것이다.

네덜란드 대학들은 나름대로 기준을 낮춰 42학점을 채운 학생들도 1학년 과정을 통과시켜준다. 42학점을 채우지 못한 1학년생들은 낙제가 된다. 이들은 대학 공부에 자질이 없다는 부정적은 평가를 받은 셈으로 학업을 중단해야 하며, 어떤 대학은 이 학생들이 같은 과에 재입학하는 것을 허용하지 않기도 한다.

이처럼 네덜란드의 대학은 1학년 과정조차 통과하기가 어렵고, 3년 안에 대학을 졸업하는 것은 더욱 만만치가 않다. 1학년 때 P 자격증을 받은 학생의 경우 2학년 때 60학점만 이수하면 되지만, 42학점을 이수하여 간신히 1학년을 통과한 학생들은 2학년 때 60학점과 더불어 나머지 18학점을 다시 이수해야 한다. 그런데 1년 동안 78학점을 모두 이수하기란 힘든 일이다. 결국 이 부담은 3학년까지 이어진다. 따라서 이들 학생 대다수는 3년 안에 졸업하는 것을 포기하고, 1년가량 학교를 더 다닐 요량으로 학점을 천천히 취득한다.

2005년 네덜란드 중앙통계청 자료에 따르면, 3년 안에 대학을 졸업하는 학생은 전체의 25퍼센트에 그친 것으로 나타났다. 4년 안에 졸업하는 학생은 44퍼센트, 5년 안에 졸업하는 학생은 58퍼센트였다. 네덜란드 대학의 학사 졸업이 결코 쉽지 않음을 보여주는 자료다.

이에 따라 네덜란드 정부는 대학생의 학비 지원을 4년으로 제한하고 있다. 따라서 4년 안에 학사 학위를 따서 졸업하지 못하면 이후의 학비는 국가 보조 없이 학생 스스로 감당해야 한다. 실제로 5년째 학사 과정을 공부하면서 어렵게 돈을 마련해 학교에 다니는 학생도 적지 않다. 결국 네덜란드의 대학생들은 얼마나 열심히 공부하며 자기 관리를 하느냐에 따라 학비가 거의 들지 않을 수도 있고 많이 들 수도 있으며, 사회에 나가는 시기가 빠를 수도 있고 느릴 수도 있다.

그러므로 네덜란드의 대학생들은 어쩔 수 없이 공부벌레가 된다. 대학 졸업장이 없으면 그에 준하는 직업을 구하기란 당연히 쉽지 않다. 물론 혹독하게 공부해 자신의 실력을 쌓아온 대학 졸업자들은 직장이나 자신의 연구 분야에서 전문 지식인으로 대접 받으며 사회인의 길을 걷게 된다.

이에 반해 한국의 현실은 어떠한가? 고등학교 때는 맹목적으로 공부에 목숨을 걸던 아이들이 대학에 가면 놀기 바쁘거나 취업을 위한 공부, 소위 '스펙 쌓기'에 매달리고 있다. 한국의 대학은 원하는 곳에 입학하기가 어려울 뿐 들어가고 나면 졸업은 떼어놓은 당상이다. 한국의 대학도 본연의 취지를 찾아가길 바란다. 입학보다는 졸업이 어려운 학문의 전당이 되어야 한다.

대졸자, 취업 걱정 없다

네덜란드의 대학생들은 졸업 후 취업 걱정을 하지 않는다. 2009년 암스테르담 자유대학교가 실시한 졸업생 취업실태조사 결과를 보면, 졸업 후 3개월 이내에 직업을 구한 학생은 40~50퍼센트, 1년 이내에 취업한 학생은 98퍼센트에 달한다. 이 같은 결과는 다른 대학도 비슷하다.

또한 암스테르담 자유대학교가 조사한 졸업생 취업 분야를 보면, 40퍼센트가 변호사, 개인사업자 등 관리·책임 영역에서 일하고 있었으며, 20퍼센트는 관공서 등 정부기관, 18퍼센트는 교육·학문연구, 16퍼센트는 일반사무, 그리고 4퍼센트는 상업·도매업에 종사하고 있었다. 이들의 역할은 정책결정 및 관리(26퍼센트), 연구·통계조사(20퍼센트), 회계·상담(20퍼센트), 매니저·지도자(20퍼센트), 의료·약품(6퍼센트) 등이었다.

이처럼 네덜란드 대학생의 취업이 잘되는 이유는 무엇일까? 첫째로 대학 졸업자가 많지 않다는 점을 들 수 있다. 즉, 또래 가운데 학문연구중심대학인 WO 졸업자는 15~20퍼센트에 불과하다는 것이 주요하게 작용한다. 필요한 인력은 정해져 있는데 졸업생이 많으면 취업하기가 어려울 수밖에 없다. 더구나 제한된 일자리에 지원자가 폭주하면 그만큼 취업 경쟁은 치열해진다. 하지만 네덜란드에서 대학 졸업자는 희소가치를 누린다.

둘째는 네덜란드의 대학이 졸업생의 취업을 위해 많은 지원과 노력을 하고 있다는 점이다. 각 대학은 취업센터를 운영하는 한편, 동창회 웹사이트를 대학 홈페이지에 링크해 선배들이 경영하는 회사나 취직해 있는 곳의 상세 정보를 알아볼 수 있도록 한다. 학생들은 이를 통해 인턴사원으로서의 경험을 쌓을 기회를 얻기도 한다. 또한 각 대학은 다양한 취업 오리엔테이션을 개최하고, 각 분야의 취업 전문가를 교내에 배치해 일대일 면접을 통한 취업 정보 제공, 취업 면접에 대비할 수 있도록 한다. 이러한 일들은 취업 시즌에 일시적으로 이루어지는 것이 아니라, 상시적으로 접할 수 있는 부설기간을 통해 체계적으로 지원된다. 예를 들어 암스테르담 자유대학교에는 학생취업 경력서비스^{Stident career services}, 흐로닝언 대학교에는 재능과 경력센터^{Talent en career center}, 마스트리흐트 대학교^{Maastricht University}에는 경력서비스^{Career services}라는 이름의 취업전문 부설기관이 있다.

지난 2010년 2월에 경제협력개발기구^{OECD}가 국가별 비고용률(실업률)을 조사했는데, 미국이 9.7퍼센트, 유럽 연합이 평균 9.6퍼센트인 데 반해 네덜란드는 4.0퍼센트로 아주 낮은 수치가 나왔다. 특히 네덜란드는 고학력 실업자가 거의 없다. 고학력자가 일자리를 얻지 못한다면 이는 국가적·가정적·개인적으로 얼마나 큰 손해인가. 더구나 오랫동안 학문을 닦았는데도 그 능력을 발휘하지 못한다면 본인 스스로 받게 될 정신적 고통이 말로 다할 수 없을 것이다. 대학 졸업자들이 취업 걱정을 하지 않는 네덜란드의 교육 시스템이 한없이 부러운 대목이다.

대학, 영어로 공부하기 쉽다

네덜란드는 영어를 모국어로 쓰지 않는 국가 중 영어로 수업을 진행하는 대학 과목을 개설한 최초의 나라다. 네덜란드는 그만큼 영어로 공부하기가 수월한 곳이다. 학문중심연구대학은 물론 상위 직업전문대에서도 영어로 공부하기가 편하다.

현재 네덜란드에는 1,500여 개의 국제학습 프로그램이 시행되고 있다. 특히 교환학생 프로그램이 활발하게 진행되고 있다. 그중 대표적인 것이 유럽위원회가 운영하는 '에라스무스 문두스ER-ASMUS Mundus'라는 프로그램이다. 이 프로그램은 유럽 내 고등교육의 질을 높이고, 타 국가 대학과의 학업 협력을 통해 공동 석사·박사 학위를 운영·장려하기 위해 만들어졌다. 네덜란드는 이 프로그램에 14개 학문중심연구대학이 모두 참여하고 있으며, 30여 개 석사 과정에서 운영되고 있다. 세계 모든 나라의 학생들이 이 프로그램에 지원할 수 있으며, 특별히 비유럽연합 국가의 학생들에게는 장학금 지원 혜택을 주고 있다(에라스무스 문두스 프로그램에 관한 자세한 정보는 http://eacea.ec.europa.eu/erasmus_mundus/index_en.php에서 확인 가능하다). 또한 네덜란드는 외국인들을 위한 국제교육international education: IE을 실시하고 있다. 이 국제교육은 개발도상국의 학생들을 위해 마련된 고급영어교육 과정으로, 주로 석사·박사 과정 등의 학생들을 대상으로 한다.

2008~2009년 통계에 따르면 네덜란드에서 공부하고 있는 외국인 학생 수는 7만 6,000여 명에 이른다. 출신 국가별로 보면 독일이 2만여 명으로 가장 많고, 그다음이 중국(5,000여 명), 벨기에(2,500여 명), 스페인(2,000여 명), 프랑스(1,700여 명) 순이다. 최근에는 델프트 공과대학교나 암스테르담 대학교, 헤이그 대학교의 음대 및 농학, 토목 관련 학과를 중심으로 한국인 학생도 늘고 있다. 외국인 학생의 비율은 학문연구중심대학이 44퍼센트, 상위 직업전문대가 56퍼센트로 실무 교육을 받으러 유학 온 학생이 더 많다.

네덜란드는 자국 내 외국인 학생을 위한 국제학습 프로그램 외에도 이들을 위한 장학금 제도 또한 다양하게 마련하고 있다. 그 예로 네덜란드 고등교육국제협력기관Netherlands Universities Foundation for International Cooperation: Nuffic(누픽)이 운영하는 '하위헌스Huygens 장학금'은 전 세계 학생 누구나 신청할 수 있다. 이 제도는 학업 성적이 우수하고, 학사나 석사 과정을 네덜란드에서 공부하고자 하는 외국인 학생을 위해 만들어진 제도다(지원 자격은 www.nuffic.nl에서 확인할 수 있다). 또한 동유럽, 중앙아시아, 중동 지역의 학생들 가운데 유럽의 대학과 연계된 학교에 다니는 학생들을 지원하는 '템푸스 프로그램 장학금'도 있다(www.ec.europa.eu/tempus에서 확인할 수 있다).

이 외에도 각 대학마다 다양하게 장학금 시스템을 마련하고 있으니, 네덜란드 대학에 진학하고자 하는 학생은 사전에 자세히 정보를 알아두는 것이 중요하다(장학금에 관한 각종 정보는 www.grantfinder.nl에서, 학과 선택 및 현지 생활에 관한 정보는 www.studyinholland.nl에서 자세히 알아볼 수 있다).

네덜란드는 비자 없이 공부하기 힘들다

필자가 네덜란드의 교육 환경에 대해 이야기하면 대부분의 학부모가 자녀를 네덜란드로 유학 보내고 싶다고 한다. 사교육비는 물론 학비가 거의 들지 않고, 과도한 입시 경쟁 속으로 아이들을 내몰지 않아도 되니 어떤 부모가 원하지 않겠는가?

문제는 만 18세 미만인 자녀는 반드시 부모의 보호 아래에서만 유학을 할 수 있다는 것이다. 즉, 부모 없이 아이만 네덜란드에 보내 초·중·고등학교 교육을 받게 할 수가 없다. 물론 보호자인 학부모는 비자^{verblijfvergunning}를 받아야 한다. 현재 한국 사람이 비자 없이 네덜란드에 체류할 수 있는 기간은 최대 석 달이다.

이 때문에 어린 자녀들을 데리고 네덜란드로 파견 근무를 나온 한국인 학부모들은 파견 기간이 끝나갈 때가 되면 큰 갈등에 빠진다. 만 18세 미만의 자녀를 홀로 남겨두고 부모가 모두 자국으로 돌아가는 것은 법적으로 허용되지 않기 때문이다. 한국인 학부모들은 네덜란드의 교육 시스템이 너무나 좋다는 것을 알기 때문에 파견 근무가 끝난 후 아이들을 데리고 귀국하는 것이 좋을지 심각하게 고민한다. 그중에는 자녀 교육 때문에 한국으로 돌아가지 않는 부모들이 적지 않다. 자녀의 미래를 위해 한국의 대기업 직장을 포기하고 네덜란드에 남아 다른 일을 찾는 것이다(필자의 경우 네덜란드를 떠날 당시 큰아이가 18세가 되어 동생을 돌볼 수 있는 성인으로 인정을 받은 데다, 필자가 매년 두어 차례 네덜란드를 오가며 보호자 증명을 할 수 있었다).

네덜란드의 학교에는 기숙사가 없다. 따라서 아이들을 기숙사에 맡기면 되지 않을까 하는 기대는 할 수가 없다. 네덜란드에서 어린 자녀들을 공부시키려면 결국 부모가 네덜란드로 이민을 가는 수밖에 없다. 물론 체류 허가 비자를 받는 것도 쉽지는 않다. 다만 고급 엘리트 직종 종사자인 경우 비자가 빨리 나온다고 한다. 고급 인력이 네덜란드로 들어오는 것을 선호하기 때문이다.

외국인 신분으로 네덜란드에서 취업을 하려면 네덜란드어를 배우는 것이 좋다. 네덜란드어를 전혀 하지 못하는 사람이 비자를 연장하면 벌금이 부과될 정도로 네덜란드는 자국의 언어를 사용하도록 권장하고 있다. 한국에서 네덜란드어를 공부할 수 있는 곳은 네덜란드 교육진흥원과 외국어대학교 등이 있다. 비자와 관련된 정보는 주한 네덜란드 대사관 홈페이지(www.southkorea.nlembassy.org)에서 자세히 확인할 수 있다.

네덜란드 교육진흥원
Nuffic neso korea

한국에도 네덜란드 대학에 관한 정보를 제공해주는 곳이 최근 문을 열었다. 바로 네덜란드 교육진흥원이다. 네덜란드 교육진흥원은 네덜란드 고등교육국제협력기관인 누픽(www.nuffic.nl)이 해외 고등교육 연구 및 전문교육의 국제화와 고등교육 학습의 세계화를 위해 해외 지정 국가에 세운 기관이다. 현재 중국, 러시아, 타이완, 브라질, 인도네시아, 베트남, 러시아, 멕시코 등에 이어 한국에 설립되어 있다.

네덜란드 교육진흥원과 누픽의 활동으로 네덜란드의 고등교육 시스템은 전 세계에 알려지기 시작했다. 이로 인해 네덜란드 학문연구중심대학과 상위 직업전문대에에 입학한 외국인 학생 수는 2006~2007년도에 5만여 명이었으나, 2008~2009년도에는 7만 6,000여 명으로 크게 증가했다. 이는 네덜란드 전체 대학생(60만 2,000여 명)의 10퍼센트를 웃도는 인원이다.

한국의 네덜란드 교육진흥원에 네덜란드 유학을 문의하는 학생은 해마다 크게 늘어나고 있다. 네덜란드 교육진흥원은 네덜란드에 가서 공부하고자 하는 학생들을 위해 네덜란드 고등교육기관의 학제와 장학금 제도 등 구체적인 정보를 제공하고 있으며, 국제학위 프로그램 선택과 지원에 도움을 주고 있다. 또한 유학 준비 중인

학생들과 네덜란드 내의 네트워크를 연결시켜주거나 유학을 마치고 돌아온 선배들과의 연계를 돕기도 한다(전 세계 네덜란드 대학 출신자들의 웹사이트는 www.hollandalumni.nl이며, 한국 유학생들의 웹사이트는 www.hankorea.net이다).

네덜란드에서 공부하고자 하는 학생은 먼저 네덜란드 교육진흥원 웹사이트 (www.nesokorea.org)에 들어가서 다양한 정보를 얻는 것이 좋다. 그 후 네덜란드 교육진흥원에 상담을 요청하면 자세한 대학 정보는 물론 관련 인맥을 소개받을 수 있다.

이와 더불어 재정적인 도움을 받기 위해 장학금 정보도 자세히 알아볼 필요가 있다. 특히 한국 학생들만을 위한 '오렌지 튤립 장학금Orange Tulip Scholarship'을 눈여겨보자. 이 장학금은 네덜란드 교육진흥원이 네덜란드의 대학 및 기업의 후원을 받아 운영하는 장학금으로, 후원금과 참가 프로그램에 따라 매년 지원 금액이 달라진다. 자세한 정보는 네덜란드 교육진흥원 홈페이지에서 확인할 수 있다.

네덜란드 엿보기 12

오렌지색의 나라,
네덜란드

네덜란드는 입헌군주제 국가로 국회와 왕이 공존하며, 1980년부터 지금까지 베아트릭스Beatrix Wilhelmina Armgard 여왕이 왕위에 있다. 국토 면적은 스코틀랜드의 절반 정도로 작고, 수도는 암스테르담이며, 인구는 1,660만여 명에 이른다. 네덜란드는 튤립과 풍차, 나막신의 나라이자 세계 열 번째 경제 대국이다.

네덜란드는 홀란트Holland라고도 불린다. 홀란트는 네덜란드 서쪽 해안에 위치한 주provinces의 이름으로, 과거 이 지역 상인들이 세계인들을 상대로 무역 거래를 하면서 자신들을 홀란트인이라 소개한 데에서 유래한다.

네덜란드는 12개의 주로 구성되어 있으며 암스테르담, 헤이그Hague, 로테르담Rotterdam 등 대도시에 인구의 3분의 2가 몰려 있어 도시인구 밀도가 높다. 네덜란드는 도시마다 특성이 있다. 암스테르담은 유적지가 많아 전 세계 관광객이 모여들며, 헤이그는 국제사법재판소 등 80여 개에 이르는 국제기구가 밀집해 있는 정치적 중심지다. 또한 라인 강 하구에 위치한 로테르담은 유럽에서 가장 큰 항구도시로 경제적 특수를 누리고 있으며, 이곳의 공항은 유럽 최대 규모로 유럽과 세계를 잇는 중요한 창구 역할을 한다.

네덜란드는 인구의 19퍼센트가량이 외국인인 다문화 사회다. 특히 대도시 거주자

만 놓고 보면 외국인이 30퍼센트에 달할 정도다. 네덜란드가 이처럼 다민족·다문화 사회가 된 데에는 17세기 기독교 박해로 인한 유대인의 유입, 20세기 식민지 시대, 1990년대 유고슬라비아 등지에서 몰려온 망명자 등등 여러 가지 역사적 이유가 있다. 이들은 자신들만의 고유 문화와 종교를 유지하고 있으며, 네덜란드는 기독교 국가임에도 이 같은 다문화 사회를 인정하고 있다.

네덜란드의 가정집들은 유난히 거실 창문이 크고 넓다. 밖에서 집 안이 훤히 다 들여다보일 정도다. 하지만 네덜란드 사람들은 밤에도 커튼을 치지 않을 만큼 사람들이 쳐다보는 것에 크게 개의치 않는다. 오히려 길거리를 지나가는 사람들에게 손 인사를 건넬 정도다. 이러한 넓은 창은 칼뱅Jean Calvin: 프랑스의 종교 개혁가의 정신 중 '숨기지 않고 드러내는 삶'에 영향을 받은 것이라고 한다.

네덜란드 사람들은 유난히 오렌지색을 좋아한다. 오렌지색은 네덜란드를 상징하는 색으로 과거 독립운동을 주도했던 오렌지 왕조House of Orange의 윌리엄William 공의 정신을 이어받고자 한 데서 유래한다. 네덜란드 사람들은 월드컵을 비롯해 여왕의 생일 등 국가적인 행사 때마다 머리부터 발끝까지 온통 오렌지색으로 치장하며 한껏 자부심을 드러내곤 한다.

지은이_ 정현숙

전남대학교 독어독문학과를 졸업한 후 광주MBC 기자로 10여 년간 일했다. 1998년에 남편을 따라 아이들을 데리고 네덜란드 유학길에 올라 2007년에 귀국하기까지 현지에서 10년간 세 아이를 키웠다. 현재 큰아들은 암스테르담 자유대학교(Vrije Universiteit Amsterdam) 법학과 2학년, 작은아들은 익투스(Ichthus college) 인문계중고등학교 3학년이며, 막내딸은 네덜란드에서 태어나 초등학교를 다니다 지금은 한국에서 중학교에 다니고 있다. 즐겁게 학교에 다니며 스스로 공부하는 네덜란드의 학생들, 학교 교육을 전적으로 신뢰하는 네덜란드의 학부모들을 지켜보며 교육 문화의 중요성을 깨달았다. 세 아이를 키우며 느낀 네덜란드 교육의 장점을 글로 쓰기 시작해 유학생 인터넷 사이트에서 교육에 관한 의견을 나누기도 했다. 특히 교육비 • 양육비 걱정 없이 아이를 키우는 네덜란드의 부모들을 보며, 한국의 부모들도 등록금 • 사교육비 걱정 없이 자녀를 공부시킬 수 없을까 고민하게 되었다. 현재 번역과 집필 활동을 하고 있으며, 지은 책으로 『크리스천 여성들이여 축복의 틀을 깨라』(2012), 옮긴 책으로 『내면을 가꾸는 여성 묵상』(2007)이 있다.

공교육 천국 네덜란드
지구상에서 아이들이 가장 행복한 나라

© 정현숙, 2012

지은이 ㅣ 정현숙
펴낸이 ㅣ 김종수
펴낸곳 ㅣ 한울엠플러스(주)

초판 1쇄 발행 ㅣ 2012년 4월 16일
초판 3쇄 발행 ㅣ 2019년 6월 25일

주소 ㅣ 10881 경기도 파주시 광인사길 153 한울시소빌딩 3층
전화 ㅣ 031-955-0655
팩스 ㅣ 031-955-0656
홈페이지 ㅣ www.hanulmplus.kr
등록번호 ㅣ 제406-2015-000143호

Printed in Korea.
ISBN 978-89-460-6669-4 03370

* 책값은 겉표지에 표시되어 있습니다.